WILDES EUROPA

Joshi Nichell · Sarah Ziegler · Simon Straetker

WILDES EUROPA

CLOSE TO NATURE'S HEART

KNESEBECK

Schließe deine Augen und erinnere dich an den schönsten Ort, den du jemals gesehen hast.
Bei den meisten von uns sind es wilde, naturbelassene Orte, die sich ins Gedächtnis eingebrannt haben. Berge, Wälder, Seen, Meere, Wüsten – all diese Wunder der Natur waren schon vor uns da und werden auch lange nach uns bestehen.
Sie vermitteln uns einen gesunden Respekt vor unserer Vergänglichkeit, erinnern uns aber gleichzeitig daran, dass es unsere Verantwortung ist, sie zu bewahren.

Die Vereinten Nationen prognostizieren, dass bis 2050 etwa 68 Prozent der Weltbevölkerung in Städten leben werden. Die zunehmende Urbanisierung führt dazu, dass sich Menschen entfremdet oder isoliert von der Natur fühlen. Diese Entfremdung hat nicht nur Auswirkungen auf unser Wohlbefinden, sondern auch auf die Gesundheit unseres Planeten.

Anfang 2019 haben wir uns auf unsere Reise in die Wildnis Europas gemacht. Zu Beginn bestand unser Ziel darin, einige europäische Nationalparks zu erkunden und ihre Schönheit in Bildern und Filmen festzuhalten, um sie mit der Welt zu teilen und junge Menschen für die Natur zu begeistern.

Mit der Zeit stellten wir jedoch fest, dass diese Naturschätze in Europa massiv bedroht sind. Dass wir Menschen die intakten Ökosysteme immer weiter zurückdrängen und ausbeuten - bis an den Rand ihrer Existenz. Wir bauen Straßen durch Schutzgebiete, versiegeln eine Fläche nach der anderen und erschießen Bären, weil sie unseren Nutztieren zu nahe kommen. Doch wir müssen uns die Frage stellen: Wem gehört die Erde eigentlich? Gehört sie nur uns Menschen oder gehört sie allen Lebewesen gleichermaßen?

Der Philosoph und Friedensnobelpreisträger Albert Schweitzer sagt in seiner Ethik über die Ehrfurcht vor dem Leben: »Ich bin Leben, das leben will, inmitten von Leben, das leben will.« Ein Satz, den wir uns auf unseren Reisen immer wieder ins Gedächtnis rufen.

Wir glauben, dass wir Menschen wieder mehr mit der Natur in Verbindung treten müssen. Wir müssen verstehen, dass wir Teil des Ökosystems Erde sind, und lernen, die planetaren Grenzen zu respektieren. Das Anthropozän - der Mensch als Maßstab aller Dinge, der sich über die Natur erhebt, sie gestaltet und beherrscht - ist ein überholtes Weltbild, das wir hinter uns lassen müssen.

Auf unseren Reisen in die Schutzgebiete treffen wir sehr inspirierende Menschen. Menschen unterschiedlichen Alters, die alle eins gemeinsam haben: eine unglaublich tiefe Verbundenheit zur Natur und eine große Leidenschaft, sich für ihren Erhalt einzusetzen.

Wir beschließen, dass wir ihre Geschichten mit unseren Filmen und Bildern erzählen möchten, um andere dazu zu inspirieren, Teil dieser Bewegung zu werden. Zusammen können wir dazu beitragen, dass die Wildnis in Europa wieder zunimmt. Wir glauben an eine Zukunft, in der Wildnis geschützt wird und wachsen kann. Eine Zukunft, in der wir Menschen die Natur Natur sein lassen.

Doch wer ist eigentlich wir?

Wir, das sind Filmemacher:innen, Regisseur:innen und Geschichtenerzähler:innen aus Deutschland, Österreich, Polen, der Slowakei und der Schweiz. Von 2019 bis 2023 haben wir auf mehreren Reisen die Schutzgebiete und Menschen aus diesem Buch besucht. Insgesamt entstanden mehr als 40.000 Bilder und rund 70 Stunden Filmmaterial. Unser 20-köpfiges Team besteht aus einer eng verbundenen Gemeinschaft von Gleichgesinnten: Wir sind von der Schönheit und Bedeutung wilder Orte zutiefst überzeugt und lieben es, mit der Kamera in den Bergen, Wäldern und Meeren Europas unterwegs zu sein. Stellvertretend für das gesamte Team von Wild Europe werden dir, liebe:r Leser:in, Joshi, Sarah und Simon in diesem Buch von unseren Erlebnissen berichten und dich auf eine Reise in das Wilde Europa mitnehmen!

Milo, Fabio, Domča, Simon, Sarah und Joshi (von links nach rechts) bei einem Dreh in den rumänischen Karpaten.

Montenegro

DURMITOR NATIONALPARK

Von verwunschenen Bergseen,
verrückten Gämsenbegegnungen
und einem Ranger voll Herzblut

FOTOGRAFIE
Joshi Nichell
Simon Straetker
David Riesbeck
Milo Zanecchia

TEXT
Joshi Nichell

43°07′41.8″N / 19°02′04.0″E

DURMITOR NATIONALPARK

Lage
Im Norden Montenegros,
ziemlich in der Mitte
des Balkans. Ca. 500 bis
2523 m über dem Meeres-
spiegel.

Anreise
Ökologisch per Bahn bis
Zagreb, dann per Fernbus
bis Sarajevo, per Miet-
wagen die übrigen ca.
140 km bis zum National-
park. Alternativ die
komplette Strecke als
Fahrgemeinschaft (Auto).

Flora, Fauna, Landschaft
Braunbären, Gämsen und
ca. 35 weitere Säugetier-
arten fühlen sich hier
wohl. Bergig, wiesenreich
in der Höhe, waldreich in
den Tälern.

Besonderheiten
Größtes Naturschutzgebiet
des Landes. 48 Berge mit
über 2000 m Höhe. 18 Gletscherseen – die sogenannten
Bergaugen. Eine der tiefsten Schluchten Europas:
die Tara-Schlucht.

←

Das Licht und die Nebel-
schwaden kurz vor Son-
nenaufgang verwandeln
die Landschaft rund um
Žjabljak.

→

Der montenegrinische
Herbstwald – purer
Farbenzauber wie bei
einem Blütenmeer.

Ein Land, für uns kaum präsent. Umringt von Kroatien, Bosnien und Herzegowina, Serbien, dem Kosovo und Albanien, und im Westen grenzt es ans Mittelmeer. Es ist nicht einmal so groß wie Schleswig-Holstein und hat in etwa so viele Einwohner wie Stuttgart. Dort sollen Braunbären und Gämsen umherstreifen, Berge bis in rund 2500 Meter Höhe ragen und eine der teuersten Autobahnen der Welt gebaut werden. Als wir uns dorthin auf den Weg machen, ahnen wir nicht, wie sehr dieses kleine, auf den ersten Blick un-scheinbare Land uns begeistern wird.

Ein verrückter Ritt und der erste Zauber

Die Dämmerung setzt ein, und es wird allmählich Nacht, als Simon, David und ich auf der Autobahn A8 geradewegs Richtung Österreich fahren. Vor uns geht der Vollmond gerade majestätisch über den Alpen auf. Welch wunder-schöne Szenerie! Das Auto ist vollgepackt bis unters Dach. David fährt hell-wach fast die ganze Nacht durch, sodass wir zwei anderen vor uns hindösen können. Als ich ihn am nächsten Morgen ablöse, werde ich trotzdem schon nach einer halben Stunde am Steuer gefährlich müde, und David löst mich dankenswerterweise wieder ab. Je weiter wir erst durch Kroatien und dann Bosnien und Herzegowina vorankommen, desto größer wird die Vorfreude auf das, was uns erwartet.

Nach achtzehn Stunden Fahrt und einer Strecke so lang wie von Freiburg nach Madrid erreichen wir den Norden Montenegros. Auf einer kleinen Straße voller Schlaglöcher überqueren wir jubelnd die letzte Grenze dieses wilden Rittes. Doch vor uns liegt noch ein gutes Stück Weg. Etliche Stunden geht es über meist kleine Straßen, ehe wir endlich unser Ziel erreichen: Žjabljak. Der kleine Ort zählt gerade mal 2000 Einwohner, liegt auf über 1500 Meter Höhe und ist damit die höchstgelegene Stadt Montenegros. Vor allem aber ist sie das Tor zum Durmitor-Nationalpark.

Es ist Anfang Oktober, und die Laubbäume verfärben sich, wie von uns bestellt. Noch am Tag unserer Ankunft treffen wir Thomas Wöhrstein, der als Berater für das montenegrinische Ministerium für Nachhaltige Entwicklung und Tourismus arbeitet. Zusammen mit ihm geht es gleich weiter auf einer Panoramastraße, die einmal fast komplett um den Nationalpark herumführt. So erschöpft wir von der langen Reise auch sind, so sehr begeistern uns die ersten Eindrücke und Einblicke, die uns Thomas auf dieser ersten Rundtour vermittelt. Wir können es kaum erwarten, selbst loszuziehen.

Mit seinen 39 000 Hektar Fläche ist der Durmitor-Nationalpark in etwa so groß wie die drei deutschen Nationalparke Sächsische Schweiz, Schwarzwald und Berchtesgaden zusammen. Seit über siebzig Jahren ist das Gebiet bereits als Nationalpark geschützt. Seit 1980 gehört es sogar zum UNESCO-Weltnaturerbe. Hier findet sich auch die Tara-Schlucht, eine der tiefsten Schluchten Europas. Manche nennen sie »Europas Grand Canyon«.

So richtig ins Staunen kommen wir schnell. Im Herbst ist der Nationalpark geprägt von dem fantastischen Kontrast zwischen dunkelgrünen Nadelbäumen und orangeroten Laubbäumen. Wenn man weiter in die Höhe steigt, trifft man auf weite Bergwiesen, sanfte Berghänge und schließlich beeindruckende, über 2000 Meter hohe Felsmassive. Insgesamt achtzehn kleine Gletscherseen schauen wie Augen in den Himmel und werden ebendeshalb auch »Bergaugen« genannt. All das ist nicht nur Lebensraum für Steinadler, Geier, Gämsen und Murmeltiere. Insgesamt beherbergt der Durmitor-Nationalpark 37 Säugetierarten (zum Vergleich: In ganz Deutschland kommen 98 Säugetierarten vor). Darüber hinaus zeichnet er sich durch eine besondere Vielfalt an Gefäßpflanzen aus.

Unser Quartier dürfen wir im Nationalparkzentrum aufschlagen, was sich als doppeltes Glück erweist. Es ist nicht nur buchstäblich das Tor zum Durmitor, wir begegnen dort auch Ivana. Sie ist Biologin und führt unter anderem Schulklassen durch den Nationalpark. Wir erzählen ihr, was uns hierherführt, und fragen sie, ob sie vielleicht einen Ranger kennt, der uns mit seiner Erfahrung und seiner Ortskenntnis unterstützen könnte. Ohne lang nachzudenken, sagt sie: »Mican. Ihr müsst den Ranger Miladin Kasalica treffen.« Sie könne gern den Kontakt herstellen.

Miladin Kasalica – ein Ranger voll Herzblut

»Hi, I'm Mican.« Vor uns steht ein gut trainierter, muskulöser, glatzköpfiger Mann, etwa 1,85 Meter groß und um die vierzig Jahre alt. Von dem breiten Hut bis zu den Schuhen ist seine Kleidung ganz in einem Waldgrün gehalten. Wir sind uns auf Anhieb sympathisch und gleich am Scherzen, sodass die erste Distanz schnell überbrückt ist. Die nächsten Tage werden wir immer wieder mit ihm durch den Nationalpark streifen, auf Berge steigen und so einen Einblick in seinen Arbeitsalltag bekommen.

Wie sich herausstellt, stammt Miladin Kasalica – Mican – aus Žjabljak. Wie so viele andere junge Menschen lockte ihn das Großstadtleben, und so zog er in die Hauptstadt Podgorica. Doch nach nur vier Jahren kehrte er wieder zurück in den heimatlichen Norden Montenegros – der Natur wegen. Seit etlichen Jahren arbeitet er nun schon als Ranger im Nationalpark. Er selbst sagt ganz klar: »Ich bin wirklich ich selbst, wenn ich draußen in der Wildnis bin.«

Wenn Mican vom Durmitor spricht, spricht er von seinem Zuhause. »Die Berge, die Täler, die Wiesen, die Wälder, alle Tiere und Menschen, die hier seit Generationen in Symbiose mit der Natur leben – all das macht diesen Ort so wunderschön.« Er ist überzeugt, dass man sich das immer wieder bewusst machen müsse. Viele Menschen – nicht nur in Montenegro – hielten die Natur für etwas allzu Selbstverständliches. »Wir Europäer sollten nicht vergessen, wie

← Das Tor zum Nationalpark, der Crno jezero. Unweit des Nationalparkzentrums findet sich dieser atemberaubende Anblick.

Im allerersten Licht des
Tages wirkt auch die eigentlich raue Landschaft oberhalb der Baumgrenze sanft.

Der Ranger Mican zeigt
uns auf einer Karte, wo
sich welche Tiere vorwie-
gend aufhalten. Vor Ort
weist er Joshi noch einmal
genauer den Weg zu den
Gämsenherden.

> Den Menschen ist der wahre Wert unserer Natur nicht bewusst. Städte und Gebäude müssen nicht geschützt werden. Sie können wieder aufgebaut werden. Sie sind nicht von langer Dauer. Schützt die Natur, denn es hat sehr, sehr lange gedauert, bis sie zu dem wurde, was sie heute ist.
>
> → Miladin Kasalica

viele Millionen Jahre es gedauert hat, bis diese atemberaubende Landschaft entstanden ist. Städte und Gebäude lassen sich schnell wieder aufbauen, die Natur jedoch nicht.« Für Mican ist daher klar, worauf es ankommt: »Schütze die Natur – sie hat lange gebraucht, zu dem zu werden, was sie ist. Schütze sie – was sonst noch soll ich sagen?«

Die Sonne neigt sich am Horizont, und Mican lässt den Blick über die Landschaft schweifen. Seine Begeisterung, ja Leidenschaft für die Natur und speziell für den Durmitor-Nationalpark wirken ansteckend – und sie berühren uns. Wie recht er doch hat! Während wir den Berg wieder hinabsteigen, klingen seine Worte in meinem Kopf nach: »Der Baum wächst sehr leise, fast ohne Geräusch, aber wenn er fällt, dann ist er laut ...«

Während der erste Artikel des deutschen Grundgesetzes den Schutz der Würde des Menschen garantiert, definiert der erste Artikel der montenegrinischen Verfassung das Land als ökologischen Staat. Das ist weltweit einmalig. Gleichzeitig schmerzt es zu sehen, wie wenig dieser hohe Anspruch in der Realität eingehalten wird. Dies unterstreicht der sogenannte Yale Environmental Performance Index (EPI), einer der weltweit wichtigsten Umwelt- und Nachhaltigkeitsindizes. Er sieht Montenegro auf der weltweiten Rangliste im zweiten Drittel und im europäischen Vergleich auf den letzten Plätzen.

Ein besonders krasses Beispiel von Umweltsünde in dem Land ist der Bau einer der teuersten Autobahnen der Welt mitten durch das UNESCO-Weltnaturerbe der Tara-Schlucht. Die von einem chinesischen Investor errichtete Straße verläuft auf etwa zwei Kilometer Länge auch entlang oder über dem Flussbett der Tara und hat bereits jetzt erhebliche ökologische Schäden verursacht. So wurde beispielsweise jede Menge Bauschutt illegal ins Flussbett gekippt.

Bis dahin war die Tara einer der letzten unberührten Wildwasserflüsse Europas. Doch wie wir sehen, sind wir Menschen in der Lage, auch die letzten verbliebenen natürlichen Ökosysteme in kürzester Zeit zu zerstören. Weltnaturerbe hin oder her.

Nachdem Thomas uns bereits ein wenig mit dem Auto durch das Gebiet geführt hat und erst Ivana und dann Mican uns jede Menge Informationen über den Nationalpark gegeben haben, will ich endlich mit dem Rucksack samt Kamera, Superteleobjektiv und Schlafsack unser Basislager im Nationalparkzentrum verlassen und auf eigene Faust losziehen, um die Tiere vor die Linse zu bekommen. Das ist natürlich nur dank der Genehmigung des Nationalparks möglich. Währenddessen werden die anderen aus dem Team Detail-, Drohnen- und Landschaftsaufnahmen machen.

Gämsen sind die typischen Bewohner dieser kargen Berglandschaft. Bis auf wenige Sträucher wachsen hier auf über 2000 Meter Höhe überwiegend grasartige Pflanzen.

Als Erstes möchte ich nach Gämsen Ausschau halten. Von Mican, der mich in das Gebiet führt, weiß ich in etwa, wo sie sich gut beobachten lassen. Ivana hatte erzählt, dass die Gämsen im Durmitor noch vor fünfzehn, zwanzig Jahren aufgrund illegaler Bejagung stark bedroht waren, doch inzwischen hat sich die dortige Population dank Schutzmaßnahmen und des Einsatzes der Ranger wieder gut erholt.

Ich will zwei Nächte in der Höhe bleiben, um so an zwei Abenden und zwei Morgen die Chance auf besonderes Licht und besondere Momente zu haben. Je mehr Zeit ich bei den Tieren verbringe, umso eher entstehen einzigartige Aufnahmen. So wie am zweiten Morgen. Nachdem ich bereits eine ganze Weile im kalten Wind am Hang gesessen habe und gerade zum Schlafsack zurückgekehrt bin, entdecke ich plötzlich unweit von mir eine Gämse am Felsen. Sofort bin ich elektrisiert, schleiche mich ein wenig näher heran und baue Stativ und Kamera auf. Das Tier scheint mich kaum zu bemerken. Stattdessen fliegen plötzlich Alpendohlen um die Gämse herum. Nanu? Vor ihr sitzen zwei von ihnen auf den Steinen, etwas entfernter noch mehr. Es sieht fast so aus, als würden sie etwas von der Gämse haben wollen. Während ich erste Fotos mache, fliegt mit einem Mal eine Alpendohle auf den Rücken der Gämse. Hä? Ich bin völlig überrascht, denn ein solches Verhalten habe ich in Europa noch nie gesehen! Ich weiß natürlich aus Filmen, dass etwa Kuhreiher und andere Vögel sich auf großen Pflanzenfressern wie Rindern, Büffeln oder dergleichen niederlassen und deren Parasiten wegfressen. Ob die Alpendohle das Gleiche vorhat? Oder will sie die Gämse am Ende nur ärgern? Der Blick der Gämse spricht eher für Letzteres. Für mich bleibt es ein Rätsel und damit ein weiterer Grund zum Staunen über die kleinen Wunder und Geheimnisse der Natur. Mit einer vollen Speicherkarte und jeder Menge Bilder von diversen Gämsenbegegnungen steige ich schließlich zufrieden wieder ins Tal ab.

Um den Gämsen so nahe wie möglich zu kommen, nutzt Joshi die wenige Deckung, die er finden kann, gepaart mit einem Tarnanzug.

→

Eine Alpendohle landet auf dem Hinterteil einer Gämse. Symbiose oder Scherz? In jedem Fall ein ganz besonderer Augenblick.

Zwischen vermeintlichen Bären und schweißtreibender Angst

Als ich an der Straße ankomme, werde ich freudig von Simon und David begrüßt, die mir mit dem Auto entgegengekommen sind: »Du lebst noch?! Wie gut, dass dich kein Wolf gefressen hat!« Das ist natürlich ein Scherz, denn ernsthafte Zwischenfälle zwischen Wolf und Mensch gibt es in Europa keine einzigen, und darum ist auch die Angst vor dem Wolf unbegründet. Wenn der Wolf dem Menschen aus dem Weg gehen kann, wird er es immer tun. Das Gleiche gilt für Braunbären. Für sie sind wir Menschen nämlich ebenfalls Raubtiere, und Raubtiere gehen sich, wenn möglich, aus dem Weg. Sie haben schlichtweg kein Interesse an einem Konflikt. Wer sich also aufmerksam durch die Gebiete bewegt, in denen einer oder mehrere der großen Beutegreifer Europas vorkommen, kann mit sehr viel Glück mal eines dieser Wildtiere aus der Ferne sehen, er wird aber nur mit extrem viel Pech in eine heikle Situation mit ihm geraten. Wie man sich bei einer Bärenbegegnung verhalten sollte, beschreibe ich am Ende des Kapitels.

Im Norden Montenegros leben angeblich rund 300 Braunbären. Nie zuvor bin ich einem solchen Tier in freier Wildbahn begegnet, und entsprechend groß ist meine Hoffnung, dass es hier im Durmitor endlich klappt. Seit Wochen träume ich davon, einen Braunbären vor die Kamera zu bekommen. Während Milo, der als weiteres Teammitglied aus Lugano nachgereist ist, Simon und David mithilfe von Drohnenkameras die zauberhafte Herbstlandschaft einfangen, mache ich mich wieder einmal alleine auf die Pirsch. David fährt mich in ein abgelegenes Tal an der Grenze zu Bosnien und Herzegowina, wo laut CZIP, einer montenegrinischen Naturschutzorganisation, viele Braunbären unterwegs sein sollen.

Auf der Suche nach einem Ort zum Ansitzen kraxle ich den ganzen Nachmittag lang über die Hänge oberhalb eines Stausees. Sie sind sehr steil, und ich habe Mühe, mit den 45 Kilogramm auf meinem Rücken vorwärtszukommen und nicht ständig abzurutschen. Proviant habe ich jedenfalls mehr als ausreichend dabei. Nur einen guten Platz zum Übernachten finde ich hier einfach nicht. Als allmählich die Dämmerung hereinbricht, versuche ich höher zu steigen, in der Hoffnung, dass es dort irgendwann flacher wird. Doch es ist äußerst anstrengend, und nach jedem Schritt bergauf rutsche ich einen halben wieder runter. Der Adrenalinpegel steigt, und der Berghang wird gefühlt nur noch steiler. »Egal! Ich schaff das schon!«, versuche ich mir Mut zu machen. Als es schon fast dunkel ist, erreiche ich endlich einen kleinen Hügel, der gerade so flach genug zum Übernachten ist. Erschöpft lasse ich den Rucksack fallen, da höre ich in der Nähe einen Hund bellen. Das hat mir gerade noch gefehlt! Ich schnappe mir sofort das Pfefferspray, das eigentlich als Bärenabwehrspray für Notfälle gedacht ist. Ein befreundeter Naturfotograf, der in Rumänien bereits erfolgreich Braunbären fotografiert hat, hatte mich vorgewarnt: »Das Gefährlichste im Wald ist nicht der Bär, sondern es sind die Hütehunde und die verwilderten Hunde. Du wirst das Pfefferspray eher dafür brauchen.« Mir ist ziemlich mulmig, ich bleibe eine ganze Weile in Habachtstellung und warte. Nach einer guten Viertelstunde verstummt das Bellen. So schnell wie möglich baue ich mein Nachtlager auf. Mir bleibt ja auch keine andere Wahl. »Das wird schon! Das muss!« Da ich todmüde

←

Gelb und Rot der Blätter
treffen auf das Blau der
Tara – ein Schatz, der dank
Drohne sichtbar wird und
unbedingt geschützt werden
muss.

> Die Menschen in Europa erkennen, wie falsch es war, dass sie ihre Natur zerstört haben. Es dauerte Millionen Jahre, in denen Mutter Natur so etwas Schönes schaffen konnte.
> $\longrightarrow$ Miladin Kasalica

bin, schlafe ich trotz allem schnell tief und fest ein. Zum Glück lässt sich der Hund in dieser Nacht nicht bei mir blicken.

Am nächsten Morgen beschließe ich, mein Vorhaben abzubrechen. Auch wenn da, wo ich unterwegs bin, die Chancen, auf Braunbären zu treffen, angeblich am größten sind, sagt mir mein Gefühl nur noch: Ich bin hier fehl am Platz. Irgendwie passt das alles nicht. Es ist einfach viel zu steil und viel zu gefährlich. So groß die Enttäuschung auch ist - zur Naturfotografie gehört das Scheitern immer dazu. Du weißt nicht, was dich erwartet, und manchmal betreibst du einen gigantischen Aufwand, nur um doch irgendwann völlig frustriert oder verängstigt wieder umzudrehen.

Und so packe ich meinen viel zu schweren Rucksack und orientiere mich in Richtung Straße. Immerhin kann ich nun oben auf dem Bergrücken laufen und muss nicht den steilen Hang runter. Plötzlich höre ich wieder das Bellen. Nicht weit von mir erkenne ich ein kleines Haus und so hoffe ich, dass auch die Besitzer nicht weit weg sind. Ich rufe mehrfach »Dober dan« (»Guten Tag«), in der Hoffnung, auf mich aufmerksam zu machen. Tatsächlich tritt eine ältere Dame aus dem Haus und schaut in meine Richtung. Ich winke, und im nächsten Moment ruft sie auch schon ihren bellenden Hund zu sich. Puh! Ich atme durch und nähere mich dem Haus. Als ich die Frau anlächle, lächelt sie prompt zurück. Und dann gibt sie mir gestenreich zu verstehen, dass ich doch den Rucksack abstellen und ins Haus folgen solle. In dem Moment tauchen auch ihr Mann und ihre Tochter auf. Wie oft die hier oben wohl auf solch einen fremden jungen Menschen treffen? Da wir uns kaum mit Worten verständigen können, bleibt diese Frage ohne Antwort. Umso schöner, dass wir kurz darauf an einem Tisch sitzen und sie ihr Essen mit mir teilen. Es gibt selbst gemachten Schnaps, Käsekuchen, selbst gebackenes Brot sowie Butter und Käse. Auch wenn ich mich sonst vegan ernähre, dieses Geschenk nehme ich dankbar und genießend an.

So bin ich zwar keinem Braunbären begegnet, aber diese herzliche Begegnung mit Menschen, die hier völlig abgeschieden an der Grenze zu Bosnien und Herzegowina leben, ist dafür mehr als nur eine Entschädigung. Genau das macht für mich den Reiz von Reisen wie dieser in den Durmitor-Nationalpark aus: Begegnungen mit fremden Landschaften und Menschen, die einem dabei vertrauter werden und den eigenen Horizont erweitern. Und immer steht im Zentrum, dass man offen aufeinander zugeht.

Sehr gastfreundlich mit allerlei Selbstgemachtem hat diese Familie Joshi in den Bergen empfangen.

Eine Landschaft zum Verlieben! Das finden auch die Braunbären …

Der Traum-Bär und ein Herz, das in die Hose sackt

Inzwischen ist es Ende Oktober. Simon, David und Milo haben mittlerweile reichlich Zeitrafferaufnahmen produziert, darunter von der sich drehenden Milchstraße oder davon, wie jeweils Vollmond und Sonne auf- und untergehen. Außerdem haben sie zwei Interviews mit Mican und Ivana gefilmt und viele Drohnenaufnahmen gemacht. Wenn es nach ihnen geht, genügt das in mittlerweile gut zwei Wochen gesammelte Material. Ich dagegen bin mit meiner Ausbeute noch nicht zufrieden. Vor allem die Sache mit den Braunbären lässt mir keine Ruhe. Nach wie vor ist mir keiner über den Weg gelaufen, obwohl ich immer wieder Ausschau gehalten habe.

Vor der geplanten Abreise bleiben nur noch drei Tage. Ich rede noch mal mit Mican, ob er nicht einen Tipp hat. Wo könnten die Bären bloß sein? Von einem anderen Ranger erfährt er schließlich, dass in einem Seitental eine Mutter mit Jungen unterwegs sein soll. Wow, das wäre natürlich der Jackpot! Ich packe meinen Rucksack und radle diesmal mit dem E-Mountainbike los. Bis zum Eingang des genannten Tals sind es immerhin fast zwanzig Kilometer. Als ich dort an zwei Häusern vorbeikomme, spricht mich ein Mann an. »Wo willst du hin?« Wir kommen ins Gespräch. Mit wenigen Wortfetzen und Gesten erzählt er mir, dass hier wenige Nächte zuvor ein Bär vorbeigelaufen sei. Auf Höhe des Hauses habe er laut gebrummt.

Mir scheint, er versucht mir eher davon abzuraten, ins Tal zu fahren – erst recht so ganz allein. Ich bin tatsächlich verunsichert. Dann aber beschließe ich, trotz allem weiterzufahren – nun allerdings mit geschärften Sinnen. Es dauert nicht lange, bis ich auf die erste Spur im Matsch stoße. Klasse! Da es schon langsam dämmert, suche ich an einer großen Wiese, die von Wald um-

VERHALTEN BEI BRAUNBÄREN

Braunbär auf große Distanz gesichtet
Ziehe dich leise und unauffällig zurück und schlage einen anderen Weg ein.

Braunbär auf mittlere Distanz, zum Beispiel 50-100 Meter
Mache spätestens jetzt auf dich aufmerksam, damit der Bär noch die Möglichkeit hat, sich zurückzuziehen, und nicht plötzlich überrascht wird. Sprich zum Bären in ruhigem, aber selbstbewusstem Tonfall. Ziehe dich vorsichtig rückwärts zurück. Nicht direkt in die Augen schauen, kein Herumfuchteln. Nie den Rücken zum Bären drehen oder wegrennen!

Braunbär in nächster Nähe
Auch hier gilt: Ruhe bewahren. Rennt der Bär auf dich zu, wird er in 99 Prozent der Fälle umdrehen (ein sogenannter Scheinangriff). Drehst du dich dann um, wird er sehr wahrscheinlich zum echten Angriff übergehen. Greift dich der Bär an, leg dich möglichst flach auf den Boden, Rucksack oder Hände schützend über den Nacken legen. Keine Gegenwehr, kein Schreien, sonst verschlimmert sich der Angriff.

Generell gilt
Im Bärengebiet auf sich aufmerksam machen, um Überraschungen zu vermeiden. Pfeifen, Singen, normales oder leises Reden reicht schon aus. Nicht schreien! Der Bär wird – wenn er die Möglichkeit hat – selbst Abstand nehmen. Möglichst auf den Wegen bleiben – Bären schlafen häufig im schattigen Unterholz.

Frische Braunbärspuren im Schlamm. Da sackt Joshi schon mal kurz das Herz in die Hose. Wo der Bär wohl steckt?

Eine Übernachtung im Bären-
tal. Das Essen ist weit weg
gelagert, doch das Kribbeln
bleibt.

→

Der Zmijinje jezero, eines
der 18 »Bergaugen« des
Nationalparks, Orte von besonderer Magie.

geben ist, einen guten Platz für einen Ansitz am nächsten Morgen und einen
möglichst geschützten Platz für mein Nachtlager. Ich bin doch ganz schön
aufgeregt und schlafe entsprechend unruhig ein.

Um vier Uhr klingelt mein Wecker. Hurra, ich lebe noch! Ich schlüpfe in
meinen Tarnanzug, schnappe Kamera, Mikrofon und Stativ und schleiche mich
im Dunkeln auf die andere Seite der Wiese an den Waldrand. Dort kauere ich
mich an einen Baum und warte. Es vergeht eine halbe Stunde. Meine Ohren,
meine Augen, meine Nase – alles ist nun in Habachtstellung. Selten zuvor bin
ich so sehr im Hier und Jetzt gewesen.

Plötzlich knackt es laut hinter mir. Ich denke natürlich sofort an den Bären,
den der Mann vor ein paar Tagen gehört haben will. Noch immer kann ich die
eigene Hand nicht vor den Augen sehen. Dann höre ich ein lautes Geräusch
zwischen Grummeln und Bellen. Der Adrenalinpegel schießt in die Höhe. Ich
versuche, keinen Mucks zu machen, und wage es kaum zu atmen. Sind das
die Momente, die ich in der Naturfotografie suche? Eigentlich nicht. So toll
es ist, im Hier und Jetzt zu sein, ein bisschen weniger Spannung wäre auch
voll in Ordnung. Ich wünsche mir sehnlichst ein bisschen Licht. Für alle Fälle
halte ich die Stirnlampe bereit, aber noch möchte ich warten.

> Der Durmitor ist schön, so wie er ist. Als Ganzes. All die Berge, die Täler, die Wälder und Wiesen, alle Tiere und die Menschen, die hier seit Generationen im Einklang mit der Natur leben – all das macht diesen Ort wirklich wunderschön.
>
> → Miladin Kasalica

Als das seltsame Geräusch weder näher kommt noch leiser wird, mache ich eine Tonaufnahme. Nach ein paar Minuten verstummt das Geräusch aber wieder, und das Tier scheint sich zu entfernen. Ein Teil von mir hofft, doch noch ein Bärenfoto zu bekommen, der andere Teil fürchtet die ganze Zeit, das Tier könnte mich irgendwie überrumpeln, und so rühre ich mich noch bis eine Stunde nach Sonnenaufgang nicht von der Stelle. Doch kein Bär lässt sich blicken. Wie sich später anhand der Tonaufnahme herausstellt, kam das Geräusch nicht von einem Braunbären, sondern von einem - Rehbock.

Ich will die Hoffnung noch immer nicht ganz aufgeben und bleibe zwei weitere Tage in dem Tal. Ich suche eine andere Stelle auf, die mir der Kollege von Mican empfohlen hat. Dort sitze ich für drei Stunden so still wie wahrscheinlich noch nie in meinem Leben. Nur meine Augen bewegen sich von links nach rechts. Selbst als plötzlich der Ranger selbst auf der Bildfläche erscheint, gebe ich mich nicht zu erkennen, um meine Chancen auf die Bären nicht zu vermasseln. Er schaut sogar in meine Richtung, ohne mich jedoch zu entdecken. Immerhin: Test bestanden! Am nächsten Morgen probiere ich mein Glück ein letztes Mal, aber auch diesmal kommt es zu keiner Bärenbegegnung. Schließlich ist es für mich an der Zeit, zu den anderen zurückzukehren und für die Abreise zu packen.

Auch wenn es also mit mir und den Braunbären in Montenegro nicht geklappt hat, sind wir alle doch sehr begeistert vom Durmitor-Nationalpark und mehr als zufrieden mit dem, was wir an Bildern und Eindrücken dort sammeln konnten. Bei unserem Abschied scheint das Herbstlaub besonders bunt zu leuchten, und wir träumen schon davon, bald wiederzukommen. Vielleicht wird es ja dann auch was mit den Bären.

Die Milchstraße über dem Nationalpark. Dank geringer Lichtverschmutzung ein Genuss.

←

Rund um den über 2000 Meter hohen Bobotov Kuk zeigt sich die schroffe Landschaft in einem milden Gelbgrau.

→

Der König des Nationalparks:
die Gämse.

→ →

Die Hochebene im Sonnenuntergang. Ein karger, magischer Zauber liegt über der Landschaft.

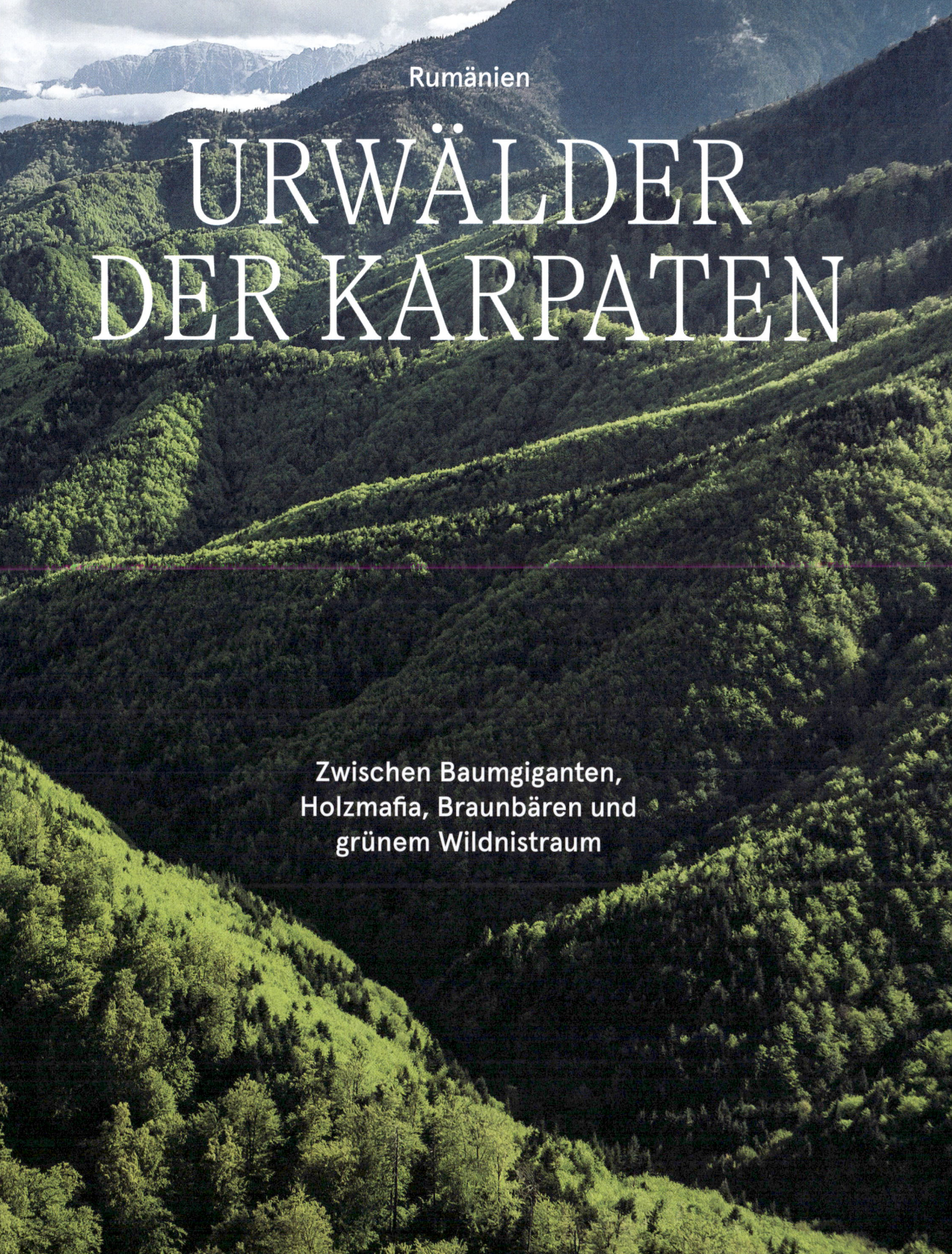

Rumänien

URWÄLDER DER KARPATEN

Zwischen Baumgiganten,
Holzmafia, Braunbären und
grünem Wildnistraum

FOTOGRAFIE
Dominika Teluchova
Milo Zanecchia
Simon Straetker
Sarah Ziegler
Fabian Bellamonte
Joshi Nichell

TEXT
Joshi Nichell

45°14'46.3"N / 22°51'20.8"E

Lage
In den Südkarpaten rund
um Brașov und südöstlich
davon Richtung Serbien.

Anreise
Mit einem Interrail-
Ticket flexibel mit
der Bahn über Wien und
Budapest nach Brașov.
Alternativ per Anhalter.

Flora, Fauna, Landschaft
Über 6000 Braunbären und
4000 Luchse, außerdem
Wölfe, Wildkatzen, Biber
und Schreiadler. Jahrhun-
dertealte Buchen, unbe-
rührte Bergwälder.

Besonderheiten
Hier finden sich die letzten
größeren Urwälder Europas.
Wisente werden wiederan-
gesiedelt. Die größte Bärenpopulation Europas lebt in
der Region.

←

Wald, Wald, Wald –
Rumänien gilt als die
grüne Lunge Europas.

→

Welch Zauber von oben!
Dicht gedrängt sammeln
die Bäume die letzten
Sonnenstrahlen des Tages.

Wir machen uns auf in ein Land, das die letzten großen Urwälder Europas besitzt, in dem über 6000 Braunbären zu Hause sind und in dem die Holzmafia ihre illegalen Geschäfte treibt. In ein Land, in dem alte handgefertigte Kutschen von gigantischen Lkws überholt werden. Wo Urwaldholz zu Holzpellets verarbeitet wird. In ein Land zwischen Armut und Korruption. Rumänien gilt als der Inbegriff europäischer Wildnis. Aber stimmt das noch? Die Suche nach einer Antwort auf diese Frage führt uns zu Gabriel Păun, einen der rumänischen Ökologen und Umweltaktivisten, die ihr Leben für die alten Bäume riskieren und auf der Abschussliste der Holzfällermafia stehen. Allein seit 2010 sind bereits mindestens sechs Waldschützer ermordet worden, und die Fläche an intaktem, teils geschütztem Wald, die seit 2001 gerodet wurde, ist mehr als doppelt so groß wie das Saarland.

Ein holpriger Start und eine Handvoll Mietwagen

Ende April. Die Buchenblätter dürften gerade noch am Austreiben sein, wir erwarten das kräftigste Grün des Jahres. Als kleine Vorhut und weil die Tieraufnahmen vermutlich die meiste Zeit in Anspruch nehmen werden, mache ich mich schon mal allein auf den Weg, bevor Sarah, Simon, Domča und Milo nachkommen werden. Mit dem Interrailticket geht es auf nachhaltigen Wegen Richtung Rumänien. Diesmal ist es der Zug, der uns zum Ziel bringen soll.

Als ich am rumänischen Grenzbahnhof ankomme, ist es kurz vor elf Uhr morgens. Ich bin bereits über 24 Stunden unterwegs. Der Zug würde noch den ganzen Tag durchs Land fahren – auch wenn das Zugfahren an sich echt Spaß macht, sehne ich mich gerade nach etwas Abwechslung. Kurzerhand beschließe ich, es stattdessen mit Trampen zu versuchen. Ich verlasse den Bahnhof und laufe stadtauswärts. Schon nach kurzer Zeit hält jemand an und nimmt mich mit. An einem Kreisel nahe der Autobahnauffahrt geht mein Abenteuer weiter. Dort spreche ich die Menschen direkt an. Mein Rumänisch ist zwar sehr begrenzt, viele verstehen aber auch Englisch.

So dauert es keine zehn Minuten, bis mich Emmanuel, der gerade seinen Chef vom Flughafen abholen möchte, einsteigen lässt. Er will mich offenbar gleich ein wenig in das Land und seine Gepflogenheiten einführen und erklärt mir: »In Rumänien gilt: Du hast kein Geld? Geh arbeiten! Du hast keine Arbeit? Geh stehlen!« Wie bitte? Ich muss das erst mal schlucken. Auch im nächsten Auto sitze ich bei einem Rumänen, der mir viel über sein Land erzählt. Ich bin froh, diese Einblicke zu bekommen, aber gleichzeitig macht es mich eher nachdenklich. So würden von den 25 Millionen Menschen mit rumänischem Pass etwa fünf Millionen im Ausland leben und arbeiten, um sich überhaupt über Wasser halten zu können.

Nach diversen Zügen von Deutschland bis nach Rumänien geht es per Anhalter weiter. Daumen raus – mit Sack und Pack.

←

Der allererste Reifenwechsel – und das auch noch im Ausland. Doch hilfsbereite Menschen finden sich glücklicherweise überall.

Ist das der neue oder der alte Mercedes? Auf jeden Fall außer Konkurrenz!

→

Ein Land der Kontraste – so lernen wir Rumänien kennen. Ein Kutscher wird vom Schwertransporter überholt.

Ganz anders, weil nicht ganz so ernüchternd-deprimierend, ist hingegen meine vierte und letzte Mitfahrt auf dieser Reise nach Brașov am Rand der Südkarpaten. Ich steige an der Einfahrt zu einer Tankstelle aus, und keine Minute später schon hält Daniel mit seinem Wagen neben mir. Im Gegensatz zu dem Fahrer vorher redet er ausgesprochen positiv über sein Land. »Ich liebe es, dass du nie weißt, ob hinter der nächsten Kurve ein riesiges Schlagloch in der Straße ist oder ein Lkw quersteht oder sonst etwas. Ich liebe das gewisse Chaos in diesem Land!« Er liebt die Wildnis, schwärmt von den Naturjuwelen Rumäniens und vom Ungeplanten. Ich nehme seinen Hinweis mit, dass hinter der nächsten Kurve alles Mögliche auf einen warten kann.

Gleich nach der Ankunft in Brașov suche ich die dortige Autovermietung auf. Das Gebiet, in dem wir uns die nächsten Wochen bewegen werden – vorwiegend das Făgăraș-Gebirge, das ziemlich genau in der Mitte Rumäniens liegt –, ist sehr weitläufig, und somit ist ein Auto unerlässlich. Außerdem gibt es mir die Möglichkeit, im Gelände (im Auto) zu übernachten, damit ich gleich frühmorgens Aufnahmen machen kann. Nachdem die Leute von der Autovermietung mir drei Autos angeboten haben, die alle leider nicht infrage kommen – entweder lassen sie sich nicht abschließen oder sie haben keinen TÜV –, zeigen sie mir einen VW Polo mit verdunkelten Scheiben.

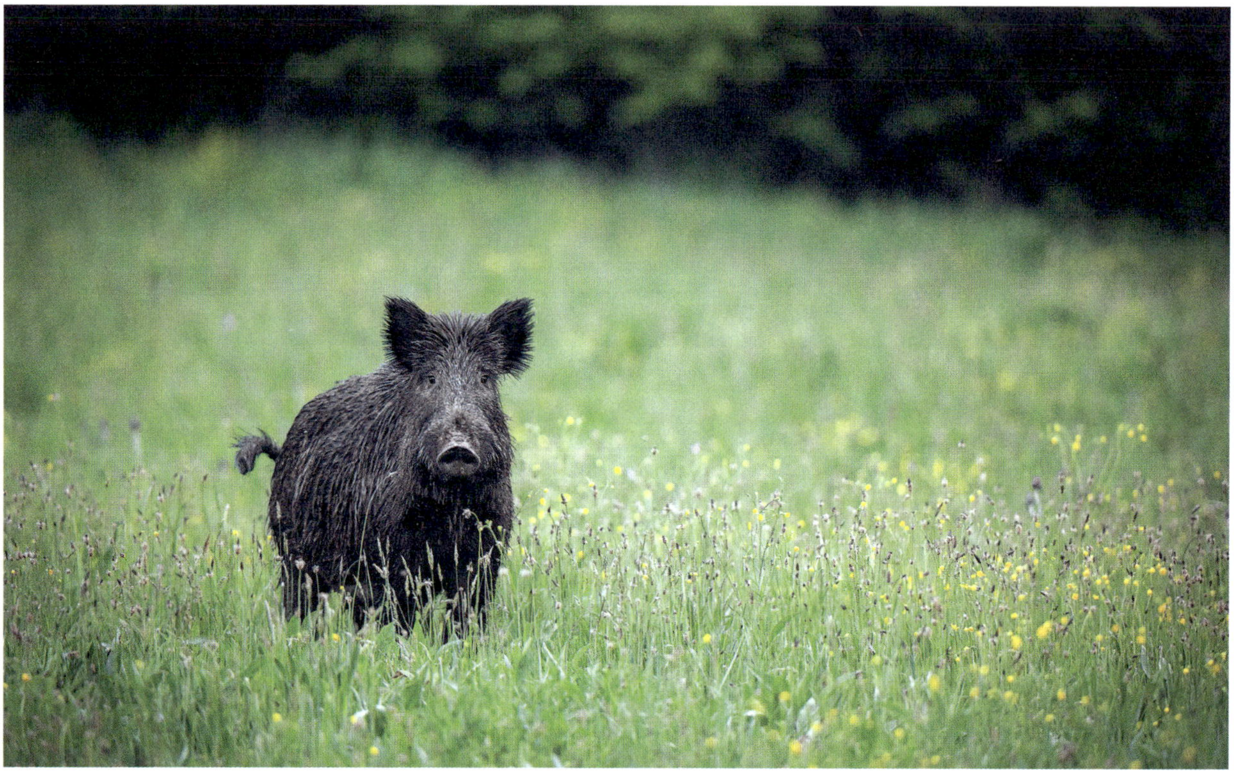

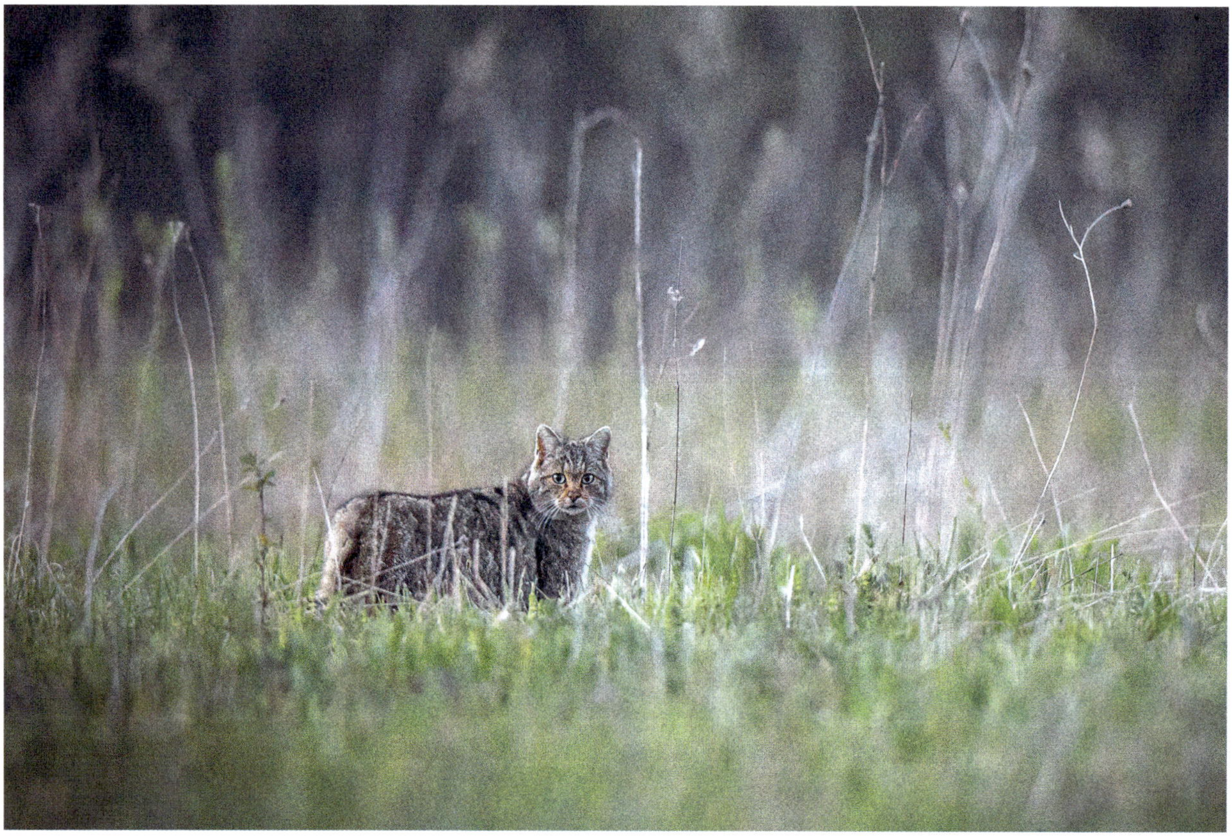

Der sieht doch erst mal ganz gut aus und wäre zum Übernachten perfekt! Als ich von den Kratzern Fotos mache, wie ich es aus Deutschland gewohnt bin, meint die Frau nur: »Ach, ein paar Kratzer sind doch kein Problem.« Dann ist der Polo für meine Zwecke ja genau richtig, denke ich erleichtert.

Nach nur drei Tagen passiert dann, was passieren musste: Hatte nicht Daniel vor diesen Schlaglöchern gewarnt? Ich habe mich verschätzt und bin auf der Landstraße mit über 70 Stundenkilometer voll in ein solches Loch reingekracht. Zum Glück hat es »nur« einen Plattfuß gegeben. Zum ersten Mal in meinem Leben wechsle ich einen Reifen, wobei mir dankenswerterweise ein paar Leute auf der Straße helfen. Leider ist auch der Ersatzreifen mehr oder weniger platt.

Ich freue mich tierisch, als ich endlich Brașov mit einem abermals neuen, halbwegs funktionierenden Gefährt verlassen kann, um nun endgültig für die nächste Woche in das Făgăraș-Gebirge einzutauchen, das nach dem Wunsch einiger Naturschutzverbände wegen seines besonderen ökologischen Wertes in Teilen Nationalpark werden soll.

Schon bald erlebe ich selbst, was für ein Naturschatz das Gebiet ist: Ich treffe mehrfach auf Wildkatzen, die sich wunderbar zwischen trockenen Gräsern tarnen können, auf Füchse, auf einen Dreizehenspecht, auf Schreiadler, etliche Rehe, darunter einen neugierig dreinschauenden Rehbock, der mich selbst ohne Tarnung nicht zu erkennen scheint und bis auf zehn Meter auf mich zukommt. Und ich staune nicht schlecht, als beim Mittagessen ein Biber an mir vorbeischwimmt. Überall sind Spuren von Braunbärtatzen. Bei der Menge werde ich doch bestimmt mal einen vor die Linse bekommen!

Ein Wildschwein und eine Wildkatze - mit ausreichend Geduld, etwas Tarnung und bei passendem Wind sind solche Begegnungen möglich.

Tiere zwischen Wald und Wiese: ein Rehbock mit wundervollem Bast am Gehörn und ein Rotfuchs auf der Pirsch.

→

Das Piatra-Craiului-Gebirge und der gleichnamige Nationalpark. Hier reichen die Wälder bis ans Felsmassiv hinauf.

Tatsächlich wird mir vor Ort bewusst, dass sich diese Braunbären wohl vorwiegend im unglaublich dichten, rumänischen Wald verstecken, also zwar irgendwie da sind, eine Begegnung mit ihnen aber gar nicht so einfach ist. Mehrfach sitze ich an vermeintlich guten Orten an, doch der Erfolg bleibt aus. Das ändert sich erst, nachdem Sarah, Simon und Domča nachgereist kommen und ich mit Sarah gemeinsam eines Morgens im Regen an einer Fütterungsstelle sitze – im Tarnanzug, hinter einem hellgrünen Tarnnetz am Waldrand unter dem schützenden Frühlingslaub. Die Windrichtung sollte passen. Gespannt warten wir auf ein Tier, vorzugsweise einen Braunbären. Am Abend zuvor lief hier ein ausgewachsenes, wunderschönes Wildschwein auf uns zu, bis es plötzlich merkte, dass da ja Menschen vor ihm stehen, und instinktiv abdrehte.

Nach drei Stunden brechen wir das Warten ab. Nichts ist passiert. Unsere Unterkunft ist nicht weit weg, und während wir dort ein wenig unsere Sachen trocknen, bekomme ich plötzlich eine Nachricht auf mein Handy. Am Waldrand hatte ich nämlich eine Wildkamera positioniert, die mir Bilder direkt aufs Handy schickt. Aufgeregt öffne ich die App. »Sarah! Das gibt's doch nicht! Schau mal hier!« Und tatsächlich, ein junger Braunbär passierte keine drei Stunden nach unserem Ansitz, um elf Uhr vormittags, die kleine Wiese. Ganz am falschen Ort haben wir also doch nicht gesessen. Vielleicht lohnt es sich beim nächsten Mal, noch ein wenig geduldiger zu bleiben. Solche ersehnten Tierbegegnungen bleiben nun mal eine besondere Herausforderung.

In Rumänien sind wir jedoch noch mit einer anderen Mission unterwegs. Der Besitzer des »Hotels«, in dem wir tief im Tal unterkommen, erzählt uns, dass sein Vater der Erste war, der hier gerodet hat und dann diesen für unseren Geschmack viel zu großen und unpassenden Gebäudekomplex ins Tal gepflanzt hat. Und genau das ist es, worum es uns geht: um die oft illegale und zumeist sehr aggressive Rodungsform in diesen Wäldern, die Heimat und Zufluchtsstätte von Wildkatze, Luchs, Braunbär und Wolf sind und die zum Teil vermutlich noch nie in der Menschheitsgeschichte angerührt, geschweige denn intensiver genutzt wurden. Sie sind im wahrsten Sinne des Wortes ursprünglich – echte Urwälder. Mit Baumgiganten, wie man sie in Deutschland nirgends findet. Rumänien verfügt über mehr als 500 000 Hektar sogenannter primärer und altgewachsener Wälder. Das ist zweimal so groß wie die Gesamtfläche aller 17 deutschen Nationalparks (ohne die entsprechenden Nord- und Ostseeflächen). Irre! Und tatsächlich, wenn wir hier in Rumänien den Wald betreten, kommt in uns schnell ein starkes Wildnis-Gefühl auf. Doch diese Wälder sind bedroht. Stark bedroht.

Wenn das eigene Leben weniger zählt

Über die deutsche Naturschutzstiftung EURONATUR hören wir von einem Mann, der sich schon seit über zwanzig Jahren in Rumänien für diese Baumgiganten, für die Heimat unzähliger Lebewesen, darunter die großen Beutegreifer Europas, stark macht. Für diesen Jahrtausende, ja Jahrmillionen alten Schatz voller pflanzlichen Erbguts. Der Mann heißt Gabriel Păun, und ihn wollen wir kennenlernen.

Was uns bei Gabriel gleich auffällt – und erstaunt –, ist sein sanftmütiges Gesicht und sein entspanntes Lächeln. Der Umweltaktivist strahlt eine große Ruhe aus. Wir sind froh, ihn überhaupt treffen zu können, denn er ist nicht nur unheimlich viel beschäftigt, sondern in ständiger Lebensgefahr. Es gibt Leute, die ihn verfolgen, als wäre er ein gefährlicher Verbrecher. Auf ihn ist sogar ein hohes Kopfgeld ausgesetzt. Gabriel wurde bereits zusammengeschlagen, ja sogar schon einmal für tot erklärt.

Gabriel Păun mit seiner Hündin Silva. Trotz Morddrohungen behält er sich seine Lebensfreude.

Zerschnitten. Jede neue Straße fragmentiert das Ökosystem weiter und bereitet den Weg für noch mehr Zerstörung.

All das nur, weil er der Natur Gerechtigkeit und Liebe zurückgeben möchte und sozusagen im Namen der stillen Baumgiganten seine Stimme erhebt. Weil er sich deshalb mit mächtigen Gegnern, wie zum Beispiel der HS Timber Group (ehemals Schwaighofer) mit Sitz in Wien, anlegt und versucht, Verbrecher zu entlarven. Er kämpft wie David gegen Goliath. Es geht ihm in erster Linie um die nicht einmal 2 Prozent der Fläche Rumäniens, die offiziell als Nationalpark, Natura-2000-Schutzgebiet oder sogar UNESCO-Weltnaturerbe ausgewiesen sind. Darunter fällt auch viel Urwald, der laut Gesetz unter Schutz steht. Doch von wirklichem Schutz dieser Gebiete kann leider keine Rede sein.

Gabriel Păun hat Ökologie, Diplomatie und Internationale Beziehungen studiert und engagiert sich schon lange für den Umweltschutz. So hat er sich für Greenpeace erfolgreich gegen den Anbau von gentechnisch verändertem Soja eingesetzt, engagierte sich bei Vier Pfoten und ist seit 2016 EU-Direktor von Animals International. Er pflegt ein internationales Netzwerk aus investigativen Umweltschützern und hat 2009 seine eigene Naturschutzorganisation Agent Green in Rumänien gegründet. Auf unsere Frage, seit wann er schon für die Umwelt kämpfen würde, antwortet er mit einem Schmunzeln: »Seit vielen, vielen Leben. Ich bin ein geborener Kämpfer. Da gibt es keine Zweifel.«

Mittlerweile agiert Gabriel aber auch mehr aus dem Ausland, da es in seiner Heimat für ihn schlichtweg zu gefährlich ist. Immer wieder kam und kommt es zu kritischen, ja bedrohlichen Situationen tief in den rumänischen Tälern. Über 300 000 Euro hat seine Organisation Agent Green bereits in Gerichtsverhandlungen gesteckt. Zurückbekommen haben sie fast nichts, selbst bei gewonnenen Verfahren. Ein Trick, der andere Umweltorganisationen schon zum Schweigen gebracht hat. Doch Gabriel macht weiter. Er kann nicht einfach wegsehen. »Ich werde erst ruhen, wenn Rumäniens Paradieswälder gerettet sind.«

Die weltweite Nachfrage nach Holz ist immens und hat dazu geführt, dass eine regelrechte Holzmafia entstanden ist, die skrupellos die Wälder plündert. Interpol schätzt den Anteil an illegal geerntetem Holz in Europa auf 15 bis 30 Prozent, in den Tropen sogar auf 60 bis 90 Prozent. Für jährlich 120 Millionen Tonnen Holz gibt es in Europa keinen Herkunftsnachweis. Umweltkriminalität ist weltweit der drittgrößte Zweig illegalen Handels. Das Bittere: Noch freut sich die Gesellschaft über relativ günstiges Holz - und illegal gerodetes Holz ist nun mal günstiger -, noch freuen sich die Bosse der großen Firmen wie der schon erwähnten HS Timber Group oder Kronospan, die unter anderem IKEA beliefern und Deutschland mit Holzpellets versorgen, über prall gefüllte Kassen. Doch bald wird alles zerstört sein. Der Rohstoff Holz wächst eben nicht so schnell nach, wie er gefällt wird. Zumindest in Rumänien. Jahr für Jahr wird weltweit eine Waldfläche von der Größe Portugals abgeholzt – in Rumänien annähernd ein Baum pro Sekunde. Das sind fast 60 Bäume in der Minute, knapp 3600 in der Stunde, 86 400 an einem Tag. Das sind fast 39 Millionen Kubikmeter Holz im Jahr, wovon jedoch nur etwa 50 Prozent legal gefällt wurden. Täglich sind in Rumänien etwa 15 000 mit gerodetem Holz beladene Lkws unterwegs.

Gabriel Păun am Ende der
umstrittenen Straße 66A.
Ein Widerstand in Person –
mit Erfolg.

In Sebeş steht eines von
vielen Holzsägewerken in
Rumänien. Sie verarbeiten
jährlich rund 90 Millio-
nen Kubikmeter Holz. Davon
stammen ca. 50 Prozent aus
illegalen Fällungen.

$\longrightarrow$

Der Domogled-Nationalpark,
ein Naturjuwel. Ausgerechnet hier hindurch sollte
eine Straße gebaut werden.

Illegale Abholzung beziehungsweise Abholzung in großem Stil gilt als Treiber für Artenschwund und Klimawandel. Das Tragische: Hier in Rumänien werden Bäume, insbesondere Buchen (*Fagus sylvatica*), in einer Dicke aus dem Wald geholt, wie sie in Deutschland nicht zu finden sind. Es gibt in Deutschland zwar die UNESCO-Weltnaturerbestätten Alte Buchenwälder, doch von »Urwäldern« kann dabei nicht die Rede sein. Denn ein Ökosystem, das einmal intensiv genutzt wurde, braucht Jahrhunderte oder Jahrtausende, um wieder einen zumindest annähernd ursprünglichen Zustand zu erlangen. Genau darum ist der Erhalt der letzten Urwälder, in denen noch nie menschliche Bewirtschaftung oder sonstige Eingriffe stattgefunden haben – so enorm wichtig.

Nachdem Gabriel mit seiner Organisation jahrelang Druck auf die rumänische Regierung gemacht hat, wurde immerhin eine bessere Nachverfolgung der Abholzungen ermöglicht. Mithilfe der staatlichen Handy-App »Forest Inspector« lässt sich seit 2016 durch das Kennzeichen eines Lkws, der Holz transportiert, herausfinden, ob die Ladung und damit die Rodung legal ist oder nicht. Im Zweifel kann man die Polizei alarmieren, die dann den jeweiligen Lkw stoppt und kontrolliert. Das ist schon ein gigantischer Schritt nach vorne!

Der wichtigste Moment in Gabriels Kampf für den Wald war allerdings 2005. Zwischen den beiden Nationalparks Domogled-Valea Cernei und Retezat sollte die Straße 66A gebaut werden, die ersten Arbeiten hatten bereits begonnen. Als Gabriel davon erfuhr, war er so am Boden zerstört, dass er stundenlang nur weinen konnte. Doch dann verwandelte er seine Trauer in eine immense Energie und startete eine Bewegung gegen den Bau der Straße, die die illegale Abholzung nur begünstigen und zu einer weiteren, in Fachkreisen »Fragmentierung« genannten Zerschneidung der Landschaft führen würde.

Jede solche Zerschneidung bedeutet eine weitere Zerstörung des Ökosystems Wald. Sie führt unter anderem zu verstärkter Bodenerosion und -verdichtung, größerer Krankheitsanfälligkeit der Bäume und verkleinert den Lebensraum von Pflanzen und Tieren. Aufgrund der Proteste wurde der Bau 2010 tatsächlich vorläufig gestoppt.

Dieser Erfolg gibt Gabriel bis heute Kraft bei seinem aufopferungsvollen Aktivismus. Leider kündigte der rumänische Verkehrsminister 2019 an, die Bauarbeiten wieder aufnehmen zu wollen. Der Kampf musste also weitergehen! Mittlerweile fordert selbst die UNESCO und die IUCN (International Union for Conservation of Nature) den rumänischen Vertragsstaat auf, »illegale Holzeinschlagaktivitäten in den beiden Nationalparks zu bekämpfen und strafrechtlich zu verfolgen«, »Pläne zur Modernisierung der Nationalstraße 66A wegen der möglichen Auswirkungen des Projekts auf die ökologische Integrität des Welterbegebietes aufzugeben« und über sonstige Aktivitäten und Pläne das Welterbezentrum zu informieren.

Zwischen Zerschneidung und Service

»Biodiversität ist das Allerschönste im Leben«, sagt Gabriel Păun. Und dennoch zerschneiden wir den Wald, die Landschaft und nehmen uns, was wir brauchen. Mal mehr, mal weniger skrupellos. Als ob wir blind vor der Schönheit dieses einzigartigen Mosaiks aus Organismen wären. Die Natur, die Pflanzen, die Tiere, all die Organismen um uns Menschen herum müssen im wahrsten Sinne des Wortes sehen, wo sie bleiben. Dabei ist es doch so: Stirbt der Wald, stirbt auch der Mensch. Wir sind auf Ökosysteme wie den Wald und ihre »Dienstleistungen« angewiesen. In den Umweltwissenschaften spricht man von »Ökosystemdienstleistungen«. Ich möchte sie kurz anhand des Ökosystems Wald erklären.

Der Wald hat für uns Menschen eine versorgende, regulierende, unterstützende und kulturelle Bedeutung. Er versorgt uns, indem er uns etwa Holz liefert und als Nahrungsquelle dient. Er reguliert, indem er Wasser und Luft reinigt, das Klima stabilisiert, Kohlenstoff bindet und vor Überflutungen, Erdrutschen und dergleichen schützt. Insbesondere seine Fähigkeit, große Mengen an CO_2 zu binden, ist angesichts der Erderwärmung von elementarer Bedeutung. Der Wald gilt als wichtige Kohlenstoffsenke. Insbesondere von Menschen weitgehend ungestörte Urwälder und alte Wälder mit einer höheren Biomasse und Biodiversität speichern jede Menge Kohlenstoff. Wird das Holz jedoch aus dem Wald geholt und zum Beispiel in Form von Holzpellets oder Hackschnitzeln verbrannt, werden die darin gebundenen Treibhausgase freigesetzt. Unterstützend wirkt das Ökosystem Wald wiederum schon allein dadurch, dass es Lebensraum bereitstellt. Und seine kulturelle Ökosystemdienstleistung besteht darin, dass wir dort körperliche und seelische Erholung finden. All diese Ökosystemdienstleistungen brauchen wir, um auf diesem Planeten bestehen zu können. Und dennoch gehen wir mit ihnen um, als wären sie unbegrenzt verfügbar.

Warum geben wir auf diese Schätze so wenig Acht? Vielleicht, weil sie nichts kosten? Weil der Wald sie uns einfach zur Verfügung stellt? Wenn wir

ÖKOSYSTEMDIENSTLEISTUNGEN – EIN BESONDERER SCHATZ

Als »Ökosystemdienstleitungen« werden in der Wissenschaft die Dienstleistungen bezeichnet, die ein Ökosystem uns »kostenfrei« zur Verfügung stellt. Wissenschaftler haben bereits versucht, die Ökosystemdienstleistungen in Dollar zu berechnen, damit deutlich wird, wie enorm wertvoll und letztlich unbezahlbar sie sind. Jedes Ökosystem erbringt verschiedene Dienstleistungen, die sich wiederum grob in vier Kategorien unterteilen lassen:

Versorgend (*provisioning*):
Für das Ökosystem Wald bedeutet dies etwa, dass er uns mit Holz und Trinkwasser versorgt, uns aber auch als Nahrungsquelle dient.

Regulierend (*regulating*):
Das Ökosystem Wald sorgt für buchstäblich saubere Luft und sauberes Wasser. Der Wald bindet Kohlenstoff, stabilisiert das Klima und schützt durch sein Wurzelwerk vor Hangabrutschen, Lawinen etc.

Unterstützend (*supporting*):
Hierzu werden biologische Prozesse im Zusammenhang mit Bodenbildung, Erhaltung von genetischer Vielfalt und Nährstoffkreisläufe gezählt. Sie schaffen eine wichtige Lebensraumgrundlage.

Kulturell (cultural):
Zahlreiche Studien belegen die wohltuende und heilende Wirkung der verschiedenen Ökosysteme auf den Menschen. »Kulturell« bezieht sich also darauf, welchen Erholungswert ein Ökosystem für den Menschen hat, und zwar sowohl seelisch als auch körperlich.

Generell gilt:
Wir sollten uns stärker bewusst machen, wie sehr wir von funktionierenden Ökosystemen abhängig und dass deren »Dienstleistungen« nicht selbstverständlich sind, auch wenn sie kein Preisschild tragen.

aber nehmen können, müssen wir auch geben lernen. Und genau darum geht es Menschen wie Gabriel Păun. Er fordert deshalb, 10 Prozent der Waldfläche Rumäniens komplett unter Schutz zu stellen. Das Problem ist, dass hier individueller Vorteil beziehungsweise Gewinn kommunalen Kosten gegenübersteht. Diejenigen, die von den gerodeten Bäumen profitieren, interessieren sich nämlich wenig für die allgemeinen Schäden und die zukünftigen Folgen, die sich daraus ergeben: Freisetzung riesiger Mengen an CO_2, Bodenerosion, Habitatverluste von Braunbär, Wolf und Luchs. Hauptsache, das Geld in ihren Kassen klingelt. Dass sie sich langfristig selbst den Ast absägen, auf dem sie sitzen, scheinen sie nicht zu sehen. In ihrem egoistischen Streben nach Gewinn gehen sie sogar über Leichen. Wer ihnen im Weg steht, wird im Zweifel umgebracht. In den vergangenen zehn Jahren wurden allein in Rumänien mindestens sechs Förster und Umweltaktivisten ermordet.

←
Urwald. Hier gibt es alte Bäume, Totholz am Boden und junge Bäume, die im Schutz der Alten aufwachsen können.

> *Bis jetzt haben wir durch Gerichtsprozesse mehr Hektar Wald gerettet als durch jede andere Methode. Die Tatsache, dass ich hier und heute in einem Wald sitze, der eigentlich weg sein sollte, ist ein Beweis dafür, dass jeder das Gleiche tun kann. Jeder!*
>
> $\longrightarrow$ Gabriel Pâun

Der Holzmafia das Handwerk zu legen, ist nicht nur gefährlich, sondern auch praktisch schwierig. Sie geht höchst geschickt vor. In kleinen Holzlagerstätten werden die gigantischen Holzstämme sozusagen weißgewaschen, indem sie so deklariert werden, als kämen sie aus nachhaltiger und schonender Forstwirtschaft. Große Mengen an Holz, das mit dem angesehenen FSC- oder dem PEFC-Label nach Deutschland gelangt, ist in Wirklichkeit illegal geschlagenes Urwaldholz – nicht nur aus Rumänien.

Trotz seiner mächtigen Gegner sieht Gabriel durchaus eine Chance zur Veränderung. Viele Kinder in Rumänien hätten eine besondere Empathie für die Natur, sagt er. Nun sei es an der Zeit, die Menschen zum Handeln zu bewegen. »Da sind viele Kämpfer draußen! Solch eine Generation gab es bisher noch nicht!« Er selbst veranstaltet Workshops für 6- bis 14-Jährige, um die Umweltbewegung direkt zu den jungen Menschen zu bringen.

Ob diese umweltbewegte junge Generation auch dazu beitragen kann, die korrupten Holzfirmen zu stoppen? Immerhin kann Gabriel mit seiner Organisation Agent Green einige Erfolge vorweisen: Dank ihres Einsatzes hat sich die zumindest offiziell strikt geschützte Waldfläche von einem auf zwei Prozent verdoppelt.

Die Hoffnung bleibt

Wir müssen schmunzeln, als Gabriel zu uns sagt: »Ich fürchte mich nicht vor Tieren, ich fürchte mich vor Menschen.« Sein Satz hat allerdings einen ernsten Hintergrund. Die bedrohliche, zerstörerische Kraft des Menschen ist nämlich auch für uns in den Wäldern Rumäniens deutlich zu spüren. Sie zeigt sich nicht nur, aber vor allem in dem schon beschriebenen mafiösen Raubbau. Doch zum Glück gibt es auch Grund zur Hoffnung – in Gestalt von Menschen wie Gabriel, die der Natur wieder etwas zurückgeben. Dasselbe Anliegen verfolgt auch die Organisation Carpathia. Sie kauft Waldgebiete, pflanzt Millionen von Bäumen, siedelt ausgerottete Wildtiere wieder an und verfolgt das Ziel, den größten Nationalpark Europas zu schaffen.

Das Europäische Wisent, vor etwa 100 Jahren fast ausgerottet, wird in Rumänien wiederangesiedelt.

Ebenfalls im Făgăraș-Gebirge treffen wir Calin, der für Carpathia arbeitet. Gemeinsam mit ihm klettern Sarah und ich einen bewaldeten Berghang hoch. Uff, ist das steil! Ich komme ins Rutschen. Und hier sollen diese bis zu einer halben Tonne schweren Tiere hochgestapft sein? Ich schaue mich in diesem Berglaubwald um. Immer wieder bleiben wir stehen, das Ortungssignal, das unsere klappbare Antenne empfängt, ist gleichbleibend stark. Die mit Sendern ausgestatteten Tiere müssen also irgendwo in der Nähe sein!

Wir kraxeln weiter vorsichtig den Hang hinauf. Dann hebt Calin plötzlich die Hand. Langsam zeigt er nach vorne. Ich schaue genau hin, kann aber nichts erkennen. Auch Sarah wirft Calin einen etwas ratlosen Blick zu. Wir schleichen uns zu ihm hin, dann entdecken wir es endlich auch: Keine fünfzig Meter entfernt wedelt ein Schwanz zwischen den jungen Hainbuchen. Erst bei genauerem, längerem Hinsehen fällt auch der Koloss auf, zu dem der wedelnde Schwanz gehört. Vor uns liegt ein europäisches Wisent. Und nicht nur eines. Es ist eine ganze Herde mit etwa fünfzehn Tieren. Welch eine Pracht! Wie lange habe ich davon geträumt, diesen mächtigen Tieren mal in freier Wildbahn zu begegnen, und jetzt stehen und liegen sie eindrucksvoll und zugleich unbeirrt direkt vor uns am Hang.

Das letzte wildlebende Wisent wurde 1927 in Europa getötet - und damit eine Schlüsselart, die durch ihr Verhalten und ihren Nahrungsbedarf ganze Ökosysteme prägte. Dank gezielter Auswilderung und intensiver Schutzbemühungen gibt es inzwischen wieder rund 10 000 wildlebende Wisente in Europa. Und damit ist das größte Landsäugetier des Kontinents zurück in den Wäldern. Ein großer Teil lebt in Polen, in der Ukraine und inzwischen auch in Rumänien. Das Verrückte: Alle heute lebenden Wisente stammen von gerade einmal zwölf Individuen ab. Darum ist nach wie vor die größte Sorge, dass es aufgrund von genetischer Armut doch noch zu einem Kollaps der Bestände kommen könnte. Daran forscht die Wissenschaft intensiv. Für mich bleibt die Begegnung mit den Wisenten der hoffnungsvollste Moment dieser Wochen in Rumäniens Wäldern.

Während also auf der einen Seite eine aggressive Holzmafia im großen Stil sehr alte, wertvolle Wälder zerstört, die unersetzliche Hotspots an Biodiversität sind, stehen auf der anderen Seite Menschen wie Gabriel Păun mit seiner Organisation Agent Green und viele weitere Organisationen und Menschen auf, um diese einzigartigen Naturrelikte Europas zu schützen oder wie Carpathia sogar die großen wilden Tiere wiedereinzuführen. Während Carpathia weiterhin Waldflächen aufkauft, hat auch Gabriel Păun angefangen, mit seiner Organisation ein großes Waldstück zu erwerben, um es zu schützen. Aktuell läuft außerdem eine Klage vor dem Europäischen Gerichtshof gegen Rumänien wegen der illegalen Abholzung von Urwäldern. Im Nationalpark Domogled-Valea Cernei herrscht nach einem Urteil des höchsten Gerichts Rumäniens bereits ein totaler Abholzungsstopp. Wie weit dieser nun auch eingehalten und kontrolliert wird, bleibt zwar abzuwarten, aber dennoch wächst ein wenig die Hoffnung, dass Rumänien auch zukünftig die grüne Lunge Europas bleibt und seine jahrtausendealten Urwälder, dieses Bindeglied zwischen Vergangenheit und Zukunft, diesen ökologischen Schatz der Nordhalbkugel für uns und diese Erde bewahrt.

Mit etwas Zeit bereitet Zugfahren in Rumänien richtig Freude. Geheimtipp: Die Fenster mal öffnen und rausschauen.

$\rightarrow$

Der Kreislauf des Lebens.
Irgendwann bricht die Krone
herunter, und es gibt Platz
für Nachwuchs.

$\rightarrow$ $\rightarrow$

Waldbedeckte Hügel und
Berge bis zum Horizont.
Ein besonderer, schützens-
werter Schatz!

Der Schaffner pfeift. Dann tuckert die Bummelbahn langsam los. Nur noch 28 Stunden, dann werde ich wieder zurück in Deutschland sein. Simon, Sarah, Domča und Milo bleiben für weitere Aufnahmen noch ein wenig vor Ort. Ich strecke meinen Kopf durch die Fensterluke, der Fahrtwind weht mir ins Gesicht. Mit einem Strahlen im Gesicht lasse ich all die Eindrücke von meinen Begegnungen mit seltenen Tieren und mit so Menschen wie Gabriel, Calin und vielen Einheimischen vor meinem inneren Auge Revue passieren. Als es dunkel wird, lege ich mich auf das schmale Hochbett, lese noch ein paar Zeilen aus *Das Ende der Einsamkeit*, dann schlafe ich ein. Mach's gut, wildes Rumänien!

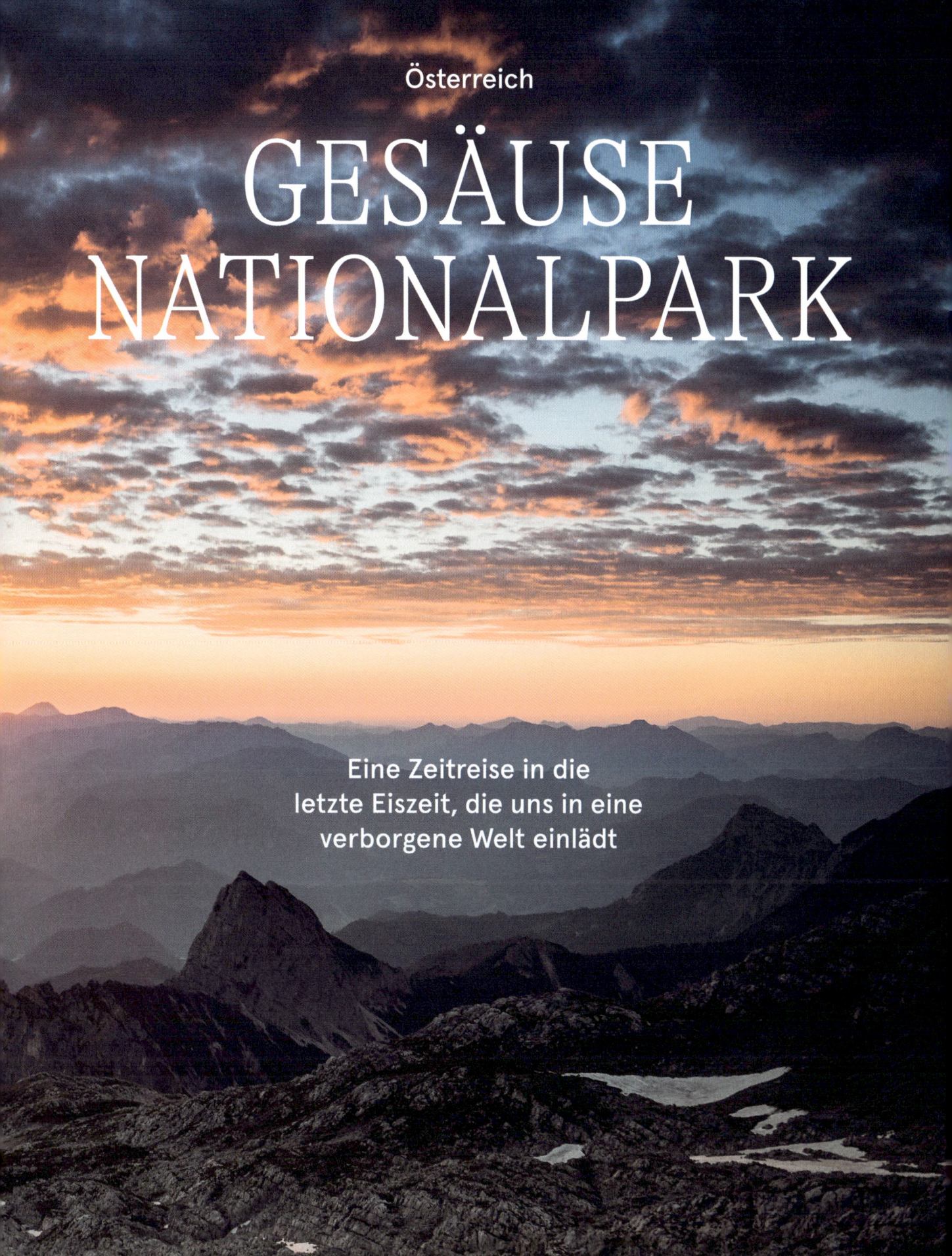

Österreich

GESÄUSE
NATIONALPARK

Eine Zeitreise in die
letzte Eiszeit, die uns in eine
verborgene Welt einlädt

FOTOGRAFIE

Andreas Hollinger
Sarah Ziegler
Simon Straetker
Milo Zanecchia
Romana Netzberger
Christian Komposch

TEXT

Simon Straetker
Ansgar Fellendorf

47°35'31.2"N / 14°38'16.6"E

NATIONALPARK GESÄUSE

Lage
Im nordöstlichen Teil der Ennstaler Alpen, durchzogen vom beeindruckenden Durchbruch der Enns, erstreckt sich das Gesäuse in der Obersteiermark, Österreich.

Anreise
An Wochenenden und Feiertagen fahren Züge aus Wien in drei Stunden über die Westbahnstrecke ins Gesäuse (Gstatterboden) und wieder zurück.

Flora, Fauna, Landschaft
Der Nationalpark Gesäuse ist ein Hotspot für Endemiten. In diesem Abschnitt der Nordöstlichen Kalkalpen ist die Dichte von Arten mit begrenzter geografischer Verbreitung besonders hoch. 30 endemische Pflanzenarten wachsen hier, darunter die Zierliche Feder-Nelke, der Nordöstliche Alpenmohn oder die Österreichische Glockenblume. Bei den Tierarten zählt man 195 Endemiten, darunter das Nördliche Riesenauge, ein Weberknecht, und der Steirische Alpenblattkäfer.

Besonderheiten
Die Landschaft ist wunderbar ungebändigt, mit wildem Wasser und steilen Felsen. Mit hoch aufragenden Felswänden bildet das Ennstal eine der eindrucksvollsten Schluchten der Ostalpen. Topografie und geografische Lage bringen eine enorme Artenvielfalt mit sich.

Sonnenaufgang auf dem Plateau des Großen Buchsteins. Eine Front schiebt Wolken aus dem Westen über das Gesäuse.

In den frühen Morgenstunden steigt von der wilden Enns der Nebel auf und wird von den ersten Sonnenstrahlen erleuchtet.

Das Gesäuse, malerisch eingebettet in die nordwestliche Steiermark Österreichs, erhebt sich eindrucksvoll aus der Landschaft. Die Nordflanken des Hochtor-Massivs mit ihren mehreren Hundert Meter senkrecht aufragenden Wänden erinnern an Bilder aus dem nordamerikanischen Yosemite, nur mit weniger Touristenströmen. Es gibt keine großen Hotelburgen oder Parkplätze in diesem Naturjuwel. Das Besondere am Gesäuse ist die Vielfalt und Dichte an Natur auf relativ geringer Fläche – die Wälder an den Hängen, Almwiesen, die mit Blumen aller Couleur beeindrucken, und Salamander neben gurgelnden Wildbächen. Ganz oben, rund um die Gipfel, schroffe Kalkfelsen und Ausblicke über weite Teile der Ostalpen Richtung Totes Gebirge, Dachstein und Hohe Tauern. Das Gesäuse ist Österreichs jüngster Nationalpark, mit dem zutreffenden Motto »Wildes Wasser - Steiler Fels«. Alles muss selbst erwandert werden, es gibt keine Gondeln oder Seilbahnen.

Erste Begegnungen

Die Fahrt ins Gesäuse ist unsere erste Reise mit dem Wohnmobil. Mit dabei sind Milo als Kameramann, Sarah als Fotografin, ich als Drohnenpilot und Ansgar als Ortskundiger und Dolmetscher - ohne ihn wären wir hier in der tiefen Steiermark mit unserem Hochdeutsch komplett aufgeschmissen. Es ist noch mitten im ersten Lockdown in Europa, und wir sind sehr erleichtert, als wir es mit unserer Arbeitserlaubnis bei Salzburg überhaupt hinein nach Österreich schaffen. Der erste Tag neigt sich schnell dem Ende zu, und wir erreichen am nächsten Morgen den Nationalpark.

Schon beim ersten Betreten dieses Gebiets wird einem die rohe Kraft und Schönheit der Natur bewusst. Steile, kantige Kalksteinfelsen ragen majestätisch in die Höhe, während die wilden Wasser der Enns durch tiefe Schluchten tosen. Dieses Naturschauspiel hat dem Gebiet seinen Namen verliehen, denn »Gesäuse« (Steirisch: gseis) leitet sich vom Rauschen des Flusses ab.

Die Enns hat über Jahrtausende sowohl das Kalkgestein als auch den darunter liegenden Dolomit abgetragen und die charakteristischen tiefen Canyons des Gesäuses geformt.

Es ist bereits unsere zweite Reise ins Gesäuse. Ansgar und ich waren in den Monaten zuvor schon einmal hier, um uns einen Eindruck von diesem Nationalpark zu verschaffen und um Ausschau nach einer Protagonistin für das geplante Filmprojekt zu halten. Wir sind auf der Suche nach inspirierenden Persönlichkeiten, die sich mit Leidenschaft für den Erhalt von Wildnis in ihrer Heimat einsetzen.

Bei unserem ersten Besuch lernten Ansgar und ich Andi Hollinger kennen. Andi ist ein leidenschaftlicher Fotograf und Kletterer und arbeitet seit vielen Jahren in der Kommunikationsabteilung der Nationalparkverwaltung. Er kennt die Berge hier wie kein anderer und hat viele der Klettertouren in dieser Region erschlossen. Von ihm bekamen wir ein paar Tipps für unsere Suche nach einem passenden Protagonisten oder einer Protagonistin. Eine Empfehlung war der Bergsteiger Christian Stangl, der bekannt ist für die Besteigung der jeweils drei höchsten Berge auf allen sieben Kontinenten und jetzt Bergtouren in seiner Heimat anbietet. Eine andere war Romana Netzberger, eine junge Biologiestudentin, die mehrere Monate im Gesäuse verbracht hat, um die dortigen Pflanzenwespen zu erforschen.

Bei einem gemeinsamen Zoom-Call mit Romana erfahren wir mehr über sie und ihre Leidenschaft. »Ich war schon als Kind wissbegierig und naturwissenschaftlich sehr interessiert«, erklärt sie uns. »In der Natur fühle ich eine besondere Verbindung zu mir selbst. Hier kann ich meinen Körper und Geist herausfordern und meine Kreativität entfalten. Weil mich die Frage ‚Wie funktioniert die Welt?' immer beschäftigt hat, wollte ich gerne Forscherin werden. So habe ich mich am Ende für ein Biologiestudium entschieden. Besonders beeindruckt hat mich während der ersten Studienjahre, wie wenig wir eigentlich über die Natur wissen. Ökosysteme entpuppen sich als komplexe Netzwerke, und wir sind noch weit davon entfernt, diese vollständig zu begreifen. Neue Arten werden nicht nur in den Tropen, sondern auch hier in Europa noch immer entdeckt.«

Romanas Begeisterung ist so echt und ansteckend, dass uns gleich nach dem Gespräch mit ihr klar ist: Sie soll unsere Protagonistin werden.

Frühling im Gesäuse

Einige Monate später beziehen wir zusammen mit Romana, die wir von nun an Romi nennen dürfen, unser Camp am Zeltplatz Forstgarten in Gstatterboden. Wir nehmen uns über drei Wochen Zeit, um gemeinsam die Umgebung und die Insektenwelt zu erkunden und in Bildern festzuhalten. Manchmal klingelt unser Wecker bereits vor fünf Uhr, damit wir den Sonnenaufgang und das Morgenlicht einfangen können. Nach einigen doch recht kurzen Nächten hintereinander sind die anderen so müde, dass ich das Wohnmobil zur Sonnenaufgangslocation fahren muss, während alle anderen noch in ihren Betten liegen. Dabei gilt immer die Regel: Solange die Objektive nicht vom Tisch fallen, fällt vermutlich auch niemand aus dem Bett.

Romana auf einer bunt gespickten Blumenwiese am Eingang des Nationalparks Gesäuse.

←

Der Hartelsgraben gilt wegen seiner imposanten Fels- und Wasserszenen und des Schluchtwalds als ein Naturjuwel.

Für ein paar Nächte ziehen wir dann weiter in eine ehemalige Jagdhütte mitten im Nationalpark, umgeben von Alm- und Feuchtwiesenflächen. Rund um die Hütte filmen wir Romis Arbeit als Biologin, Illustratorin und Ökologin. Wir nutzen die Zeit für Makroaufnahmen von Käfern und Pflanzenwespen, die Romi in den umliegenden Wäldern und Wiesen findet und vor die Linse führt.

Neben der Hütte bauen wir uns ein kleines Outdoor-Studio auf, um die Insekten in aller Ruhe und aus der besten Perspektive festzuhalten. Stundenlang beschäftigen wir uns dort etwa mit dem Steirischen Alpenblattkäfer, dessen Panzer in allen möglichen Grün- und Blauschattierungen schillert und an exotische tropische Tierwelten erinnert. Dank der Makrolinsen können wir die einzelnen Glieder der Fühler erkennen und beobachten, wie der Alpenblattkäfer seine Umgebung erkundet. Am Anfang sind wir etwas ungeduldig und genervt, dass uns die Käfer ständig aus dem Schärfebereich wandern. Nach einer Weile aber wird es eine entschleunigende Erfahrung, die uns dabei hilft, noch mehr in die Ruhe der Natur einzutauchen.

Wenn man Romi fragt, warum sie ausgerechnet im Gesäuse gelandet ist, zögert sie nicht lange mit der Antwort: »Es war Liebe auf den ersten Blick. Ich liebe die Rauheit der Berge, es gibt keine Skipisten, keine Seilbahnen. Da sind nur ich und der Berg und viel Natur.«

Vier Tage verbrachten wir gemeinsam auf der Sulzkaralm und unternahmen von dort aus mehrere Tagestouren auf die umliegenden Gipfel.

Ein Weichkäfer (oben)
und ein Steirischer
Alpenblattkäfer (unten).

> *Je mehr wir die Natur beobachten, desto mehr schätzen wir sie. Und wir schützen nur das, was wir lieben, und können nur das lieben, was wir wirklich kennen. Es ist sehr wichtig, mehr herauszufinden und mit dem in Kontakt zu treten, was uns tatsächlich umgibt.*

→ Romana Netzberger

Während der letzten Eiszeit lag das Gebiet des Nationalparks Gesäuse direkt am Rand des Eisschildes, war aber nicht vollständig von Eis bedeckt, weshalb viele Arten dort überleben konnten, bis das Eis zurückwich. Etliche dieser Arten sind an Kälte angepasst, und aufgrund der steigenden Temperaturen nach der letzten Eiszeit sind sie heute auf sehr kleine Gebiete beschränkt. Der Nationalpark Gesäuse ist ein Hotspot von solchen lokal verbreiteten, sogenannten endemischen Arten. Aktuell sind dort 195 endemische Tier- und 30 endemische Pflanzenarten nachgewiesen. Zu den besonderen Tieren im Gesäuse gehört unter anderem das Nördliche Riesenauge (ein Weberknecht) sowie der schon erwähnte Steirische Alpenblattkäfer. Nun ist der Fortbestand dieser Arten bedroht, vor allem durch die Klimakrise. Die rasant steigenden Temperaturen stellen eine existenzielle Bedrohung für diese kälte- und feuchtigkeitsliebenden Lebewesen dar.

Die Welt der Pflanzenwespen

Im Jahr 2015 unternahm Romi ihre erste Exkursion in den Nationalpark Gesäuse. Seitdem liegt ihr wissenschaftlicher Schwerpunkt auf der Erfassung der Biodiversität der dortigen Pflanzenwespen.

Viele, die zum ersten Mal eine der bunten und hübschen Larven der Pflanzenwespen zu Gesicht bekommen, halten sie fälschlicherweise für eine Schmetterlingsraupe. Tatsächlich sehen sie den Raupen zum Verwechseln ähnlich, doch bei genauerer Betrachtung lassen sie sich recht leicht voneinander unterscheiden. Pflanzenwespenlarven sehen mit ihrem kugelförmigen Kopf und den zwei schwarzen Glubschaugen richtig niedlich aus. Während sich ihr Kopf auch farblich oft von ihrem restlichen Körper abhebt, ist der Kopf der Schmetterlingsraupen in vielen Fällen abgeflacht und trotz der bis zu acht kleinen Augen eher unscheinbar.

Bereits vor 240 Millionen Jahren besiedelten die ersten Pflanzenwespen unsere Erde und entwickelten bald eine beeindruckende Arten- und Formenvielfalt. Aus einer Linie der Pflanzenwespen evolvierten im Laufe der Erdgeschichte die Taillenwespen, zu denen auch die allseits bekannten Bienen, Hummeln, Feldwespen und Hornissen gehören. Die Pflanzenwespen haben

Das Nördliche Riesenauge ist einer der seltensten und spektakulärsten Weberknechte der Welt.

Romana unterwegs mit ihrem Insektennetz über den Pass beim Stadlfeldschneid.

bis heute eine Reihe von ursprünglichen Merkmalen beibehalten, die sie zu einer einzigartigen und hoch spannenden Tiergruppe machen.

Obwohl viele Arten wunderschön und auffällig gefärbt sind, gehören Pflanzenwespen zu den nach wie vor wenig bekannten und erforschten Tieren. Im Rahmen ihrer Masterarbeit hat Romi gezielte Sammelexkursionen im Nationalpark Gesäuse durchgeführt und alle bisher bekannten Funddaten von Pflanzenwespen aus dem Gebiet zusammengefasst. Sie hält es für wichtig, dass wir nicht nur auffällige Organismen wie Adler, Schmetterlinge oder Orchideen studieren, sondern auch solche mit einem eher verborgenen Lebensstil, wie es bei Pflanzenwespen der Fall ist. Ein genauerer Blick auf diese Tiere zeigt, wie schön sie tatsächlich sind.

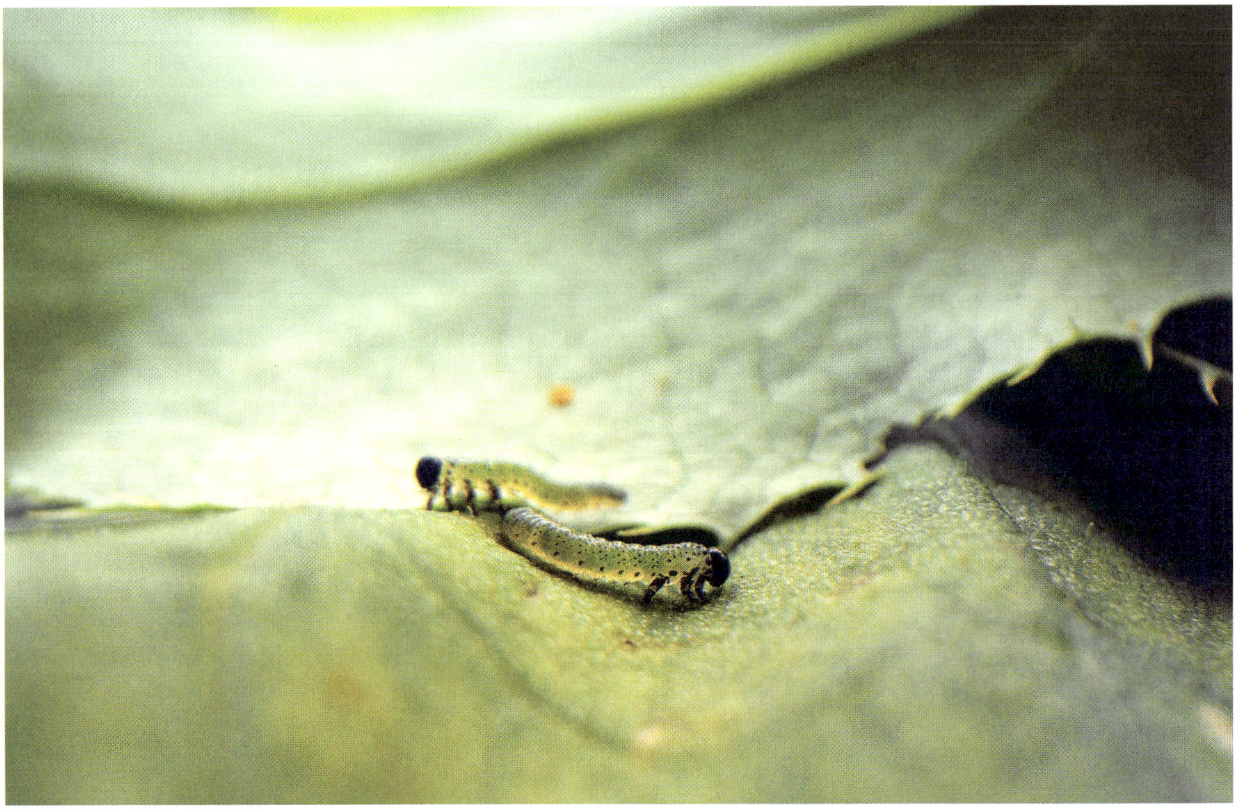

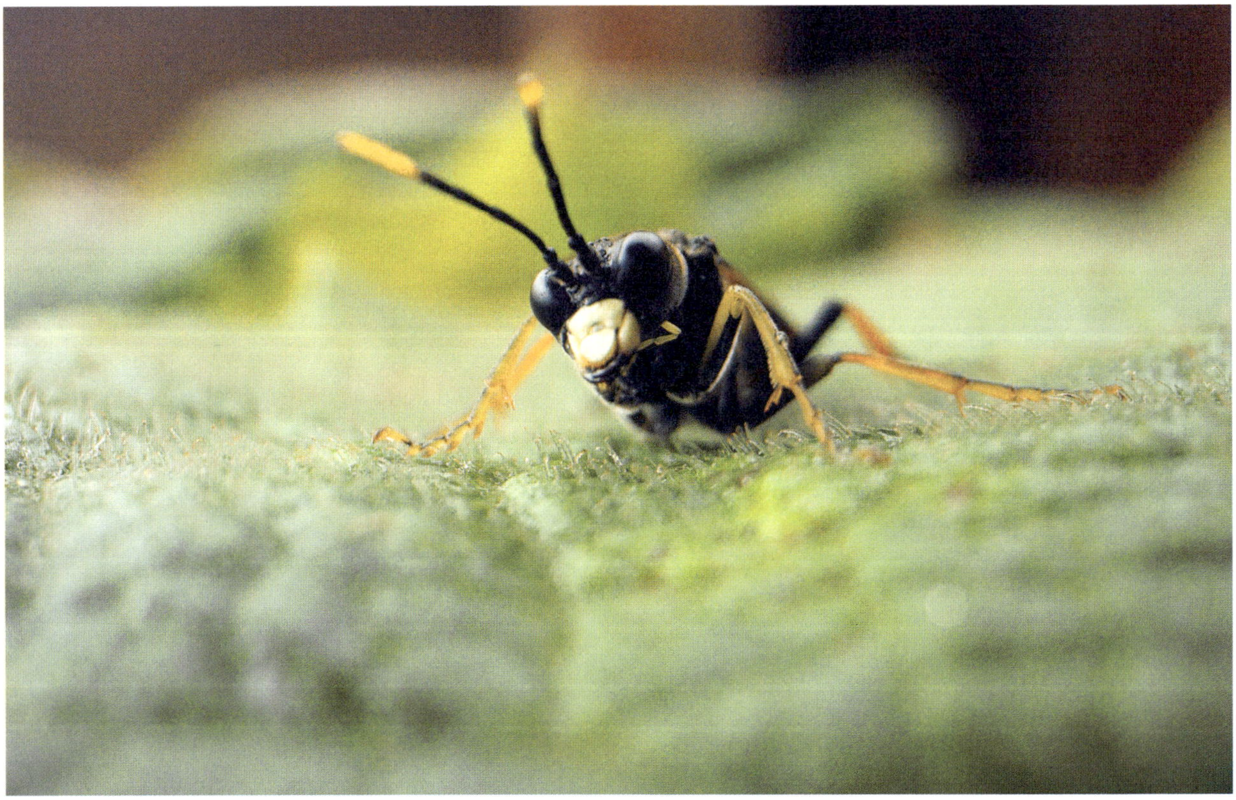

Die Probenahme von Pflanzenwespen hängt stark vom Wetter und der Jahres- beziehungsweise Tageszeit ab. Die erwachsenen Pflanzenwespen werden im Frühling und Frühsommer gefunden, die Larven im Sommer und Herbst. Im Feld nutzt Romi ihr GPS-Gerät, um die Koordinaten aufzuschreiben, und sie charakterisiert kurz die Vegetation und die Strukturen, die sie vor Ort vorfindet. Zum Sammeln der erwachsenen Pflanzenwespen verwendet sie einen Kescher, für die Larven benutzt sie eine Art »Regenschirm« oder sie sucht sie einfach an deren Wirtspflanzen. Einige Arten lassen sich direkt im Feld bestimmen, für die meisten anderen benötigt Romi jedoch ein Mikroskop. Die aktuelle Artenliste der Pflanzenwespen aus dem Nationalpark Gesäuse umfasst insgesamt 237 Arten. Aus keinem anderen Gebiet ähnlicher Größe innerhalb Österreichs sind derart viele Pflanzenwespenarten bekannt.

Die etwas andere Uni-Bibliothek

Nachdem wir im Freien alle unsere Szenen im Kasten haben, möchten wir für unseren Film noch ein paar Szenen mit Romi drehen, die repräsentativ für ihr Biologiestudium stehen. Wir machen uns auf die Suche nach einer Bibliothek in der Umgebung des Nationalparks, um dort zu filmen, wie Romi ein Buch liest. Nach einer kurzen Recherche finden wir heraus, dass die Nationalparkgemeinde Admont über eine schöne Bibliothek verfügt. Einige Telefonate später haben wir dank Andi die Erlaubnis, dort drehen zu dürfen. Als wir die Bibliothek zum ersten Mal betreten, sind wir überrascht, ja überwältigt von dem riesigen lichtdurchfluteten Raum, der bis unter die Decke gespickt ist mit wunderschönen, sorgfältig aneinandergereihten historischen Büchern.

Was wir erst jetzt erfahren: Die Admonter Stiftsbibliothek ist eines der großen Gesamtkunstwerke des europäischen Spätbarocks und tatsächlich die größte Klosterbibliothek der Welt. Sie stellt einen über Jahrhunderte hinweg angereicherten Wissensspeicher dar. Der Bibliothekssaal beherbergt rund 70 000 Bände. Den kostbarsten Schatz bilden dabei die mehr als 1400 Handschriften (ab dem 8. Jahrhundert) sowie die 530 Inkunabeln (Frühdrucke bis zum Jahr 1500). Wir freuen uns auf jeden Fall über die wunderschöne Kulisse, in der wir unsere Aufnahmen produzieren dürfen.

Im Anschluss besichtigen wir noch die Insektensammlung im Naturhistorischen Museum des Stifts Admont. Ähnlich wie Romi heute hatte hier schon vor mehr als hundert Jahren ein Pater namens Gabriel Strobl eine eindrückliche Sammlung von Zweiflüglern zusammengetragen.

Leider ist in den letzten hundert Jahren jedoch viel passiert, und die Artenvielfalt hat deutlich abgenommen. Eine genaue, wissenschaftlich belegte Zahl zum globalen Insektenschwund gibt es nicht, doch die Wissenschaft ist sich einig, dass die Anzahl der Insekten weltweit zurückgeht. Eine erste Überblicksstudie der Universität Sydney aus dem Jahr 2018 trug die Ergebnisse regionaler Forschungen zusammen. Demnach nimmt die Population von 41 Prozent der Insektenarten ab, und ein Drittel aller Insektenarten ist vom Aussterben bedroht.

Zwei Pflanzenwespenlarven (oben) und eine echte Blattwespe, eine Untergruppe der Pflanzenwespen (unten).

→

Die Stiftsbibliothek Admont ist der weltweit größte klösterliche Büchersaal.

Romana sammelt und erfasst
die verschiedenen Pflanzenwespenarten im Gesäuse.

> Wenn wir unser Leben so weiterleben wie bisher, wird es einen Punkt geben, an dem wir unsere natürlichen Ökosysteme nicht mehr wiederherstellen können. Viele Arten verlieren ihren natürlichen Lebensraum.

⟶ Romana Netzberger

Unter dem Vorbehalt einer noch relativ dünnen Datenlage errechneten die Forscher einen jährlichen Verlust von 2,5 Prozent der globalen Insektenbiomasse. Aktuell sind für Österreich 54 125 Tierarten beschrieben. Davon machen Insekten mit etwa 40 000 Arten den bei Weitem größten Teil aus. Von 121 aktuell vorkommenden Heuschreckenarten sind 48 als gefährdet eingestuft, also 40 Prozent. Bei wichtigen Bestäubern wie den Tagfaltern gelten 106 der 210 gelisteten Arten als gefährdet. Bei den Nachtfaltern ist die Situation ähnlich. Auch hier werden rund 40 Prozent in der Roten Liste aufgeführt. Viele weitere Insektengruppen zeigen ähnliche Gefährdungstendenzen.

Was können wir noch retten?

Die Natur ist komplex, und laut Romi werden wir sie »nie ganz verstehen können«. Sie betont aber auch: »Je mehr wir über Ökosystemprozesse und die Biologie verschiedener Arten wissen, desto effektiver können wir sie schützen. Langfristiger Naturschutz ist nur möglich, wenn die Menschen realisieren, was sie zu verlieren drohen. Mein Ziel ist es, meine Leidenschaft für die Natur zu teilen, in der Hoffnung, dass die Menschen dann selbst ihre Leidenschaft für die Natur entdecken und wieder eine Verbindung zu ihrer Umwelt herstellen. Denn letztlich sind wir nur bereit, das zu schützen, was wir lieben.«

Romi erklärt uns, dass durch die Intensivierung von Landwirtschaft und Forstwirtschaft, durch Bodenversiegelung und Umweltverschmutzung viele Arten ihren Lebensraum verlieren würden und regional oder global vom Aussterben bedroht seien. »Ich mache mir große Sorgen, dass die Zerstörung natürlicher Umgebungen weiterhin so schnell voranschreitet wie bisher. Dass wir den Punkt erreichen, an dem der Boden zu sehr ausgebeutet ist, um das Wachstum unserer Nahrung zu ermöglichen, an dem wir das Wasser aus unseren Brunnen nicht mehr trinken können, weil es zu verschmutzt ist, an dem der Verlust der Biodiversität die Erholung unserer Ökosysteme verhindert.«

Die Auswirkungen menschlicher Einflüsse auf unsere Umwelt zeigen sich Romi zufolge erst verzögert, und darum sollten wir so schnell wie möglich damit beginnen, unseren Lebensstil grundlegend zu überdenken. »Wir Menschen«, sagt Romi, »beanspruchen einen großen Teil des Platzes auf dem Planeten Erde, und jeden Tag findet die Natur selbst immer weniger Platz. Nationalparks

Seit der letzten Eiszeit hat sich die Menschheit in einer stabilen und sicheren Umgebung entwickelt. Doch diese Situation ändert sich gerade. Zum ersten Mal haben Wissenschaftler:innen die Belastungsgrenzen des Ökosystems der Erde definiert und neun planetare Grenzen beschrieben. Sechs davon sind bereits überschritten worden. Lediglich in den Dimensionen Ozeanversauerung und Süßwasserverbrauch sind die planetaren Grenzen noch nicht überschritten. Der stratosphärische Ozonabbau wird nur noch regional und zeitweise überschritten und sinkt tendenziell. Die massivste Grenzüberschreitung sieht die Studie bei der Biodiversität. Sie sei die Rückversicherung des Systems, die Fähigkeit, Störungen auszugleichen. Besonders hier bewege sich die Menschheit mit hohem Risiko voran.

Klimawandel:
Betrachtet den atmosphärischen Kohlendioxidgehalt und den Strahlungsantrieb. Die derzeit festgelegte Grenze liegt für CO_2 bei 350 ppm.

Ozonschichtabbau:
Misst die Konzentration von Ozon in der Stratosphäre.

Atmosphärische Aerosolbelastung:
Aerosole können das Klima beeinflussen und haben direkte Auswirkungen auf die menschliche Gesundheit.

Ozeanversauerung:
Der zunehmende Kohlendioxidgehalt in der Atmosphäre führt dazu, dass mehr CO_2 in den Ozeanen gelöst wird, was zu einem niedrigeren pH-Wert führt.

Biogeochemische Ströme:
Bezieht sich auf den Stickstoff- und Phosphorzyklus. Beide sind essenziell für das Leben, aber ihre übermäßige Anreicherung kann zu erheblichen Umweltproblemen führen.

Romana liebt es, auf einer Wiese zu verweilen und die Insekten des National-parks zu zeichnen.

Süßwasserverbrauch:
Betrachtet die Menge an Süß-wasser, die Menschen aus Flüssen, Seen und Reservoi-ren entnehmen.

Landnutzungsänderungen:
Wie viel Land wird für landwirtschaftliche Zwecke oder andere menschliche Aktivitäten umgewandelt.

Biodiversitätsverlust:
Die Rate, mit der Arten aussterben.

Chemische Verschmutzung und Freisetzung neuartiger Stoffe:
Dies betrifft die Anrei-cherung von Schadstoffen, Plastikmüll und anderen neuartigen Stoffen in der Umwelt.

Ein Nebelmeer verkleidet den Admonter Reichenstein.

Blick vom Buchsteinhaus auf den Nachthimmel über der Hochtorgruppe.

sind deshalb ein wichtiger Beitrag zum Schutz größerer Gebiete, die sich mit möglichst geringem menschlichen Eingriff entwickeln können.«

Und dann ist es Romi wichtig, deutlich zu machen, dass jede und je-der von uns die nötige Veränderung auf vielfache und sehr konkrete Weise voranbringen kann: »Wir können – und sollten - auch unsere unmittelbare Umgebung naturnaher gestalten. Wir können nachhaltige Landwirtschaft unterstützen, Städte grüner und Gärten etwas wilder machen. Wir können Bäume und Sträucher pflanzen, die Schatten spenden, vor dem Wind schützen und besseres Wassermanagement ermöglichen. Wir können abgestorbe-nes Holz und Laub an bestimmten Stellen in unserem Garten belassen, um Lebensraum für viele verschiedene Tiere zu schaffen. Wenn wir unsere Gärten weniger häufig mähen, entsteht mit der Zeit ein wunderschönes Blumenfeld, das Schmetterlinge, Bienen und viele andere Insekten beherbergt. Letztlich benötigt die Natur nur Raum und Zeit - dann kann sie sich sehr gut selbst versorgen.«

Romi weiß, wovon sie spricht, denn sie und ihre Familie haben vor einiger Zeit beschlossen, auf einen kleinen Bauernhof umzuziehen. Sie versuchen dort, durch praktisches Lernen zu verstehen, wie sie auf nachhaltige Weise ihr eigenes Gemüse anbauen können. Ihr Motto lautet »Vielfalt statt Einfalt«. Sie möchten eine möglichst große Vielfalt von Pflanzen, Tieren und anderen Organismen auf dem Hof ermöglichen. Das so gewonnene Wissen möchten sie teilen, um auch anderen zu zeigen, dass es möglich ist, nachhaltige Land-wirtschaft, gesunden Boden, ein gutes Wassermanagementsystem (in Zeiten zunehmender Dürre) und eine stark strukturierte Landschaft miteinander zu vereinbaren und auf diese Weise die Artenvielfalt zu fördern.

Italien

MARETTIMO MEERES-SCHUTZGEBIET

Von wilden Wellen,
der blauen Tiefe des Meeres und Momenten,
in denen die Zeit still steht

FOTOGRAFIE
Daniel Bichsel
Christian Keller
Janis Klinkenberg
Sarah Ziegler

TEXT
Sarah Ziegler

37°58′04.5″N / 12°04′24.6″E

MARETTIMO

Lage
Marettimo ist die zweit-
größte und am westlichsten
gelegene Insel der Äga-
dischen Inselgruppe. Sie
liegt im Tyrrhenischen
Meer ca. 40 km vor der Westküste Siziliens.

Anreise
Mit dem Zug bis nach
Palermo, von dort per Zug
und Bus nach Trapani.
Von Trapani verkehrt eine
Fähre nach Marettimo.

Flora, Fauna, Landschaft
Die Unterwasserwelt Marettimos ist geprägt von Ko-
rallen, unterirdischen
Höhlen und Seegraswiesen.
Das geschützte Gebiet weist
eine hohe Biodiversität an
Meerestieren und -pflanzen
auf, darunter Barrakudas,
Zackenbarsche und das Lang-
schnäuzige Seepferdchen.
Auf der Insel finden sich
etwa 400 Höhlen, die teils
unter Wasser und teils
überirdisch zum Tauchen
und Erkunden einladen.

Besonderheiten
Das seit 1991 bestehende
Meeresschutzgebiet Ägadi-
sche Inseln umfasst die
Inseln Favignana, Levanzo
und Marettimo sowie die
Inselchen Maraone und For-
mica. Mit rund 54000 Hektar
bzw. 540 Quadratkilometer
sind die Ägadischen Inseln
das größte Meeresschutzgebiet Europas.

Zusammen mit Daniel Bich-
sel, einem Freitaucher und
Umweltaktivisten aus Freiburg im Breisgau, erkunden
wir im Oktober 2019 die
Insel Marettimo.

Unser erster Blick auf die
Insel Marettimo im letzten
Licht des Tages.

Die Kalksteinklippen
der Insel fallen steil
zum Meer hin ab.

Schroff erhebt sich die Insel Marettimo aus dem stürmischen Meer. Sie bildet den westlichsten Punkt Siziliens und liegt etwa vierzig Kilometer von der Küste entfernt in der Straße von Sizilien, der Meerenge zwischen Sizilien und Tunesien. Sie ist an der höchsten Stelle 686 Meter hoch und mit knapp acht Kilometer Länge und drei Kilometer Breite die zweitgrößte der Ägadischen Inseln. Die wenigen Hundert Menschen, die ganzjährig auf der Insel wohnen, leben hauptsächlich vom Fischfang und dem Tauchtourismus.

Der Weg ans Ziel

Es ist stockdunkel, als ich durch ein Ruckeln geweckt werde. Ein lautes Zischen, und dann ist es wieder ruhig. Ich schaue von meinem Stockbett nach unten und sehe, dass auch die anderen wach geworden sind. Wir spähen durch den Vorhang nach draußen und erkennen das Innere eines Schiffes. Das muss die Fähre sein, auf die unser Nachtzug gerade verladen wird. Sie führt knapp acht Kilometer von Villa San Giovanni nach Messina auf Sizilien. Etwas mulmig ist uns schon, in einem Zugabteil tief unten in einer Fähre zu stecken.

Es ist Oktober 2021, und wir sind auf dem Weg nach Marettimo, einer entlegenen Insel weit draußen vor der Westküste Siziliens. Wir, das sind Janis, Daniel, Olli und ich, Sarah.

Daniel ist leidenschaftlicher Freitaucher, und zusammen mit ihm wollen wir intakte Unterwasserwelten im Mittelmeer finden und erkunden. Er taucht seit vielen Jahren, und Olli, der seit Langem mit ihm befreundet ist, wird auf dieser Reise sein Sicherheitstaucher sein. Janis und ich wollen Daniels Tauchgänge mit unseren Kameras begleiten und seine Geschichte erzählen. Doch zunächst müssen wir erst einmal ankommen.

Aufgebrochen sind wir in Freiburg. Insgesamt 34 Stunden dauert die Zugfahrt, auf der wir erstaunlicherweise alle Umstiege ohne Probleme erreichen. Auf Sizilien zockeln wir in einem alten Zug stundenlang im Schritttempo über die Insel. Da wir das allergünstigste Zugticket genommen haben, zieht sich die Fahrt zwar etwas hin, dafür haben wir aber alle Zeit der Welt, um die vorüberziehende Insellandschaft zu bestaunen. In Trapani, ganz im Westen Siziliens, steigen wir um auf eine Fähre, die nacheinander alle Ägadischen Inseln anfährt. Bis zu unserem Ziel Marettimo dauert es eineinhalb Stunden, in denen unsere Ungeduld und Vorfreude gleichermaßen wachsen. Endlich taucht die Insel am Horizont auf.

Das Erste, was uns ins Auge fällt, ist die normannische Festung Punta Troia am nordöstlichen Zipfel der Insel. Ihre Ursprünge liegen wohl im 17. Jahrhundert, ab dem 18. Jahrhundert wurde das Gebäude als Gefängnis genutzt. Marettimo war schon zu römischen Zeiten besiedelt.

Schließlich legen wir im »neuen« Hafen an. Der »alte« wird nur von kleinen Fischerbooten angefahren und ist zu flach für die Fähre. Auf der Insel gibt es bloß einen einzigen bewohnten Ort. Die kleinen weißen Häuser mit blauen Fensterläden sehen malerisch aus. Zu Fuß erreichen wir, schwer bepackt wie immer, unsere Unterkunft: ein kleines Häuschen am Hang.

Bald stellen wir fest, dass die Insel jetzt im Oktober schon fast in den Winterschlaf fällt. Bis auf zwei Restaurants und einen Lebensmittelladen hat bereits alles geschlossen, und fast alle Tourist:innen sind abgereist. Eigentlich schön, wenn auch ein bisschen einsam. Umso froher sind wir, dass wir uns in dem letzten noch verbliebenen Lebensmittelladen mit Vorräten eindecken können.

Wellen- und Ohrenprobleme

Noch bevor die Sonne aufgeht, ziehen wir voller Tatendrang los zu unserem ersten Tauchspot. Ich freue mich, dabei auch schon etwas die Insel zu erkunden, und vielleicht können wir mit etwas Glück gleich ein paar erste Aufnahmen machen. Schließlich sind wir nur acht Tage vor Ort, ein ziemlich sportliches Unterfangen im Oktober, wie sich noch herausstellen wird.

Im blauen Morgenlicht filmen wir Daniel, wie er, die langen Freitaucher-Flossen hinten an seinen Rucksack gespannt, auf einem kleinen, ursprünglich nur von Ziegen begangenen Wanderweg zu unserem ersten Tauchspot im Nordosten der Insel unterwegs ist.

Als es wärmer wird, fällt mir der Duft auf, die Luft riecht abwechselnd salzig und nach Honig. Auf der ganzen Insel blühen Wildkräuter. Nicht umsonst wird Marettimo auch Isola del Miele genannt, die Honig-Insel. Was nicht so recht zu diesem Namen passt, sind die meterhohen Wellen, die an die raue, felsige Küste schlagen. Wir schleppen all unser Equipment mit: vier Neoprenanzüge, Freitaucher-Flossen, Taucherbrillen mit Schnorchel, Gurte mit Gewichten, Kameras, Unterwassergehäuse und allerlei Snacks. Der Tauchplatz liegt auf einem nur wenige Meter breiten Streifen ganz im Nordosten der Insel. Am Tauchplatz angekommen, schauen wir uns alle leicht belustigt, aber auch wenig begeistert an. Der Wind pfeift uns mit voller Wucht um die Ohren, meine Haare fliegen völlig außer Kontrolle in alle Richtungen. Auf der einen Seite der kleinen Halbinsel, auf der wir uns nun befinden, schlagen meterhohe Wellen in die kleine Bucht. Es bleibt uns nur eine Bucht auf der anderen Seite der Insel, die ein wenig windgeschützter ist. Zum Glück sind sind es bloß fünf Gehminuten bis dorthin.

Daniel und Olli können es kaum erwarten, ins Wasser zu gehen. Wir filmen, wie sich die beiden auf ihr Freitauch-Abenteuer vorbereiten und in ihre Neoprenanzüge steigen. Das ist ziemlich mühsam und aufwendig, denn es sind besondere Anzüge, die äußerst eng anliegen. So bilden sie eine dichte Isolierung zum Wasser hin und halten Daniel und Olli im Oktober-Mittelmeer warm.

← ←

Auf Marettimo gibt es keine
Autos und keine Straßen
außerhalb des Hauptortes,
dafür jede Menge Wanderwege
und noch mehr Felsengrotten.

←

Ein einzelner Barrakuda
schwimmt durch das tiefe
Blau des Mittelmeeres.

Ein befreundeter sizilianischer Taucher hat uns zwar gesagt, dass das Meerwasser im Oktober hier durch die Winde gut durchmischt wird und so auch bis in größere Tiefen warm ist, aber davon merken wir an diesem Morgen nur wenig. Im Sommer ist das Wasser hier angeblich türkisblau und spiegelglatt, dafür wird es aber weniger durchmischt und bildet eine warme Schicht an der Oberfläche und eine kalte sogenannte Sprungschicht in der Tiefe.

Uns ist der Wellengang zu stark, darum entscheiden wir uns, diesmal noch keine Unterwasseraufnahmen zu machen. Also haben Janis und ich die ehrenvolle Aufgabe, die zwar nur drei Kilometer lange, dafür aber äußerst steile Strecke zurück zur Unterkunft mit vier Rucksäcken zurückzulegen, da Daniel und Olli an der Küste zurück bis zum Ort schwimmen werden. Immer wieder sehen wir die orangefarbene Boje auf dem Wasser tanzen, die die Stelle markiert, an der Olli und Daniel etliche Male in die Tiefe abtauchen. Ein bisschen neidisch schaue ich ihnen dabei von Weitem zu.

Was wir zu diesem Zeitpunkt noch nicht ahnen: Der Tauchgang der beiden würde uns noch ganz schön ins Schwitzen bringen. Am nächsten Morgen ist Daniel nämlich schwer erkältet, die Nasennebenhöhlen sind zu. Eigentlich nicht dramatisch, aber er braucht nun einmal freie Nasennebenhöhlen, um beim Tauchen in die Tiefe den Druck auszugleichen. Hoffentlich geht es ihm schnell wieder besser!

Wir nutzen die Zeit, um uns zu überlegen, wie wir unter Wasser mit Daniel und Olli kommunizieren und so bestimmte Aufnahmen drehen können. Wir legen also Zeichen fest für »dasselbe noch mal«, »komm näher«, »genauso bleiben«, »langsam sinken« und so weiter. Das Tolle unter Wasser ist, dass wir uns dort alle in allen Dimensionen bewegen können – auch wir mit unserer Kamera. Das gibt uns schier unendliche Möglichkeiten, uns kreativ auszuleben. Gleichzeitig soll unsere »Filmsprache« auf keinen Fall die gängige sicherheitsrelevante Taucher:innen-Zeichensprache beeinträchtigen und für Verwirrung sorgen.

Anschließend gehen wir in eine örtliche Tauchschule. Bereits in Deutschland hatten wir mit den Menschen dort Kontakt aufgenommen, und jetzt wollen wir noch die besten »kameratauglichen« Tauchspots mit ihnen absprechen. So lernen wir Davide, den Eigentümer der Tauchschule, sowie Lucio, unseren Tauchguide, kennen, der uns bei unseren Tauchgängen begleiten wird. Janis und ich werden mit Sauerstoffflasche tauchen, um mehr Zeit unter Wasser zu haben und Daniel und die Unterwasserwelt in aller Ruhe in Szene setzen zu können. Davide und Lucio sagen uns allerdings, dass wir bei den hohen Wellen gar nicht erst mit dem Schiff den Hafen verlassen können. Uns bleibt nichts anderes, als abzuwarten.

Was uns antreibt

Seit ich mich erinnern kann, bin ich unendlich gerne am Meer. Am und erst recht im Wasser fühle ich mich in meinem Element. Dieses Gefühl verbindet unser vierköpfiges Team. Der Zustand der Meere auf der ganzen Welt, aber auch direkt hier (fast) vor unserer Haustür im Mittelmeer belastet uns deshalb alle sehr. Klimawandel, Verschmutzung, Überfischung, Eutrophierung - der

Daniel erkundet die Insel
auf seine Art und Weise.

> Beim Freitauchen hinterlasse ich kaum eine Spur. Es ist eine sehr achtsame Art und Weise, die Welt zu entdecken. Wenn ich in das endlose Blau des Meeres tauche, verliert alles, was kurz vorher noch wichtig war, an Bedeutung. In diesem Moment bin ich ein Teil des Meeres.

$\longrightarrow$ Daniel Bichsel

Lebensraum in unseren Meeren wird von allen Seiten bedroht. Dem wollen wir nicht nur tatenlos zuschauen. Das war auch der Grund, warum wir Daniel gefragt haben, ob er mit uns gemeinsam zu einem Meeresschutzgebiet im Mittelmeer reisen möchte, um die Lage vor Ort zu begutachten.

Daniel ist Freitauch-Instruktor und Umweltaktivist aus Freiburg im Breisgau. Nach seinem Biologiestudium zog es ihn nach Australien, wo er seine Leidenschaft für das Speerfischen und Freitauchen entdeckte. Daniel erzählt uns von einer prägenden Erfahrung: Es war ein perfekter Tag unter Wasser, als er einen Fisch erlegte und schlagartig das Gefühl hatte, die Welt habe ihren Zauber verloren. Nach diesem für ihn einschneidenden Erlebnis verlagerte er seinen Schwerpunkt zunehmend auf die Erforschung der Unterwasserwelt.

»Das Besondere am Freitauchen«, erzählt uns Daniel, »ist der Moment, in dem die Zeit stillsteht und die Unendlichkeit zur Realität wird - für die Dauer einer Atempause.« Ein Tauchgang von Daniel kann bis zu drei Minuten dauern. Wenn er sich nicht bewegt, kann er sogar über sechs Minuten lang die Luft anhalten. Für Daniel selbst sind diese Zahlen aber nicht länger von Bedeutung, denn am Ende zählt für ihn nur der gegenwärtige Moment. Im Jahr 2017 gründete Daniel den Verein »Unterwasserwelten« und seither organisiert er jedes Jahr Camps für Jugendliche, in denen er jungen Erwachsenen seine Begeisterung für die Unterwasserwelt weitergibt. Im Mittelpunkt stehen dabei das Erforschen der unterschiedlichsten Gewässer und das eigene Engagement für den Schutz der Unterwasserwelt.

Auch unser Ziel ist es, einen Film zu machen, der nicht nur die grundlegende Bedeutung von Schutzgebieten für unsere Meere aufzeigt, sondern auch Hoffnung vermittelt und zeigt, dass sich der Einsatz für den Schutz der Ozeane lohnt. Nur durch unser sofortiges Handeln können wir auch in Zukunft noch eine intakte Unterwasserwelt erkunden.

Das Meeresschutzgebiet der Ägadischen Inseln ist mit einer Ausdehnung von 53 992 Hektar eines der größten im gesamten Mittelmeerraum. Doch genügt dieser Status, um eine intakte Unterwasserwelt zu garantieren? Seit 1991 ist das Gebiet als Schutzzone ausgewiesen, die ihrerseits in vier Zonen mit unterschiedlichem Schutzniveau unterteilt ist. In Zone A darf nicht gefischt und nicht geankert werden, Tauchgänge mit Flasche unter Aufsicht eines Tauchguides sind jedoch erlaubt. In Zone B darf bereits wieder Freizeit-Fischerei stattfinden, und in Zone C gilt nur noch ein partieller Schutz; hier darf geankert und auch kommerziell gefischt werden, wenn dies bei Behörden beantragt wurde. In Zone D ist sogar Schleppnetzfischerei mit Genehmigung erlaubt. Schutzstatus A ist nur für eine Kernzone an der Westküste Marettimos ausgewiesen, flankiert von zwei B-Zonen. An der Ostküste herrscht die Schutzzone C.

Ob die doch sehr überschaubar strenge Schutzzone wohl ausreicht, um nennenswerte Änderungen zu bewirken? Damit sich Fischbestände erholen können, brauchen sie eigentlich ausgeweitete Schutzzonen. Wir sind jedenfalls sehr gespannt auf das, was uns dort unter Wasser erwartet.

Auf einem Erkundungstauchgang suchen wir nach den schönsten Orten für unsere Filmaufnahmen.

Das Castello di Punta Troia ist das Wahrzeichen der Insel.

Mit Schnorchel und Kamera ausgestattet, geht es endlich unter Wasser.

POSIDONIA – DIE GRÜNE LUNGE DER MEERE

Das Posidonia-Seegras, auch Neptungras genannt, ist eine Wasserpflanze, die für gewöhnlich auf sandigem, wenig tiefem Meeresgrund gedeiht und ausgedehnte Seegraswiesen bildet. Diese bieten nicht nur unzähligen Tieren eine Heimat und Nahrung, sondern übernehmen noch weitere wichtige Funktionen im Meeresökosystem.

Schutz vor Erosion
Seegraswiesen schützen den Strand vor Stürmen und verhindern das Abtragen von Sand, indem sie das Sediment am Meeresboden festigen. Das liegt daran, dass Seegras im Gegensatz zu Algen Wurzeln bildet. Außerdem fangen die Seegräser einen großen Teil der Wellenenergie ab. Indem ihre Blätter kleine Partikel binden, sorgen sie überdies für klares Wasser.

Seegraswiesen bilden riesige Kohlenstoffdioxid-Speicher
Seegraswiesen filtern bedeutende Mengen an Kohlenstoff aus dem Wasser und geben dafür Sauerstoff ab. Die Menge an so im Meeresboden gespeichertem CO_2 ist noch größer als bei Wäldern.

Der Rückgang der Seegraswiesen
Die sensiblen Ökosysteme der Küstenregionen sind infolge der Erderwärmung und der Nährstoffeinbringung durch industrielle Landwirtschaft stark bedroht. Tonnenweise Stickstoff und Phosphor gelangen durch intensives Düngen in die Meere und sorgen für Algenwachstum. Dies hat zur Folge, dass die Seegrasblätter von Algen überzogen werden, nicht genug Licht bekommen und dann absterben. Auch die Anker von Segelschiffen, Yachten und Kleinbooten richten erhebliche Schäden an, indem sie große Lücken in die Seegraswiesen reißen. Seegras wächst nur ein bis drei Zentimeter pro Jahr. Zudem blüht es nicht alljährlich, produziert also nicht regelmäßig Samen. So erholt es sich, wenn überhaupt, nur langsam.

Endlich unter Wasser

An unserem vierten Tag auf der Insel legt sich endlich der Wind. Und zum Glück ist auch Daniel inzwischen wieder fit. Lucio, unser Tauchguide, ruft uns freudig an, und wir verabreden uns am Hafen. Als wir dann mit dem Boot rausfahren, ziehen wir an Bord unsere Taucheranzüge an und bereiten das Equipment vor. Wenig später tauchen Janis, Lucio und ich langsam in die Tiefe. Wir befinden uns in Zone A, nur wenige Hundert Meter von der Insel entfernt. Das Wasser ist tiefblau, von den vergangenen stürmischen Tagen jedoch noch verwirbelt, weshalb die Sicht besser sein könnte. Wir haben abgesprochen, erst mal nur an einer Stelle zu bleiben. Das ist eher untypisch für einen normalen Tauchgang, bei dem meist eine bestimmte Route zurückgelegt wird. Daniel wird immer wieder zu uns heruntertauchen.

Unter uns, in circa fünfzehn Meter Tiefe, liegt eine Seegraswiese, in der sich unzählige Fische tummeln. In der Ferne, an einem Felsen, sehe ich einen Schwarm Barrakudas. Ich bin so abgelenkt von all den Eindrücken, dass ich Daniel erst bemerke, als er mir aus nächster Nähe zuwinkt. Na, das klappt ja schon mal gut. Ich reiße mich zusammen und zücke die Kamera. Schnell merken wir, dass die Zeichensprache nicht besonders gut funktioniert, wenn Daniel fünfzehn Meter über uns an der Oberfläche irgendetwas gestikuliert und Janis und ich dabei in die blendende Sonne nach oben schauen. Doch allmählich finden wir einen Rhythmus, und ich bin begeistert davon, wie schwere- und scheinbar mühelos Daniel durch die Unterwasserwelt gleitet.

In den folgenden Tagen tauchen wir jeweils zweimal für ungefähr anderthalb Stunden. Dann sind unsere Sauerstoffflaschen leer. Lucio, der bei den Tauchgängen stets dabei ist und uns die besten Spots zeigt, dümpelt immer neben uns her und versucht, möglichst nicht im Bild zu sein.

Solche großen Barrakuda-
Schwärme sind mancherorts
im Mittelmeer eine Selten-
heit geworden.

Das Meeresschutzgebiet ist
ein wertvoller Rückzugsort
für viele Lebewesen.

Jetzt, da Daniel zurück an
der Wasseroberfläche ist,
ist Olli an der Reihe, die
Seegraswiesen zu erkunden.

Auf unserem Tauchgang
kreuzt ein Schwarm Gold-
striemen unseren Weg.

Daniel erkundet die Unterwasserwelt mit nur einem
Atemzug.

Manchmal tippt er uns an und weist uns auf ein Seepferdchen, eine Muräne oder eine bunte Schnecke hin. Regelmäßig sehen wir auch hier im Meeresschutzgebiet Plastikmüll umhertreiben. Lucio sammelt ihn, so gut es geht, während der Tauchgänge ein und kehrt stets mit einer ganzen Tasche voller Müll an die Oberfläche zurück.

Einmal ist der Akku meiner Kamera ungeplant schnell leer. Ich schwimme zu Janis und versuche ihm in Zeichensprache mein Problem zu erklären. Eigentlich will ich sagen: »Jetzt hast du die ganze Verantwortung dafür, dass wir alle Aufnahmen bekommen.« Die Botschaft kommt aber irgendwie nicht bei ihm an. Nach einigen Minuten Verwirrung gebe ich auf und tauche einfach auf eigene Faust an unserem Spot umher. Ich genieße die »Zwangspause« durchaus, ärgere mich aber immer mal wieder, wenn die Sonnenstrahlen besonders fotogen durchs Wasser brechen.

Die meisten Fische um die Insel herum sind in größeren Tiefen ab achtzehn Meter zu finden. Die Insel ist außerdem bekannt für ihre tollen Unterwassergrotten und -höhlen. Ein Paradies für Höhlentaucher:innen, aber nicht für uns. Wir benötigen für unsere Filmaufnahmen viel Licht und bleiben deshalb weiter oben. Olli ist bei den Tauchgängen stets als Freitaucher an Daniels Seite. Falls Daniel unter Wasser ein Problem bekommen sollte, könnte Olli so jederzeit zu ihm tauchen und ihm helfen. Janis und ich dürfen aufgrund der Dekompression nicht so schnell auftauchen, sondern müssen langsam aufsteigen. Daher ist ein Sicherheitstaucher oder ein Tauch-Buddy für Freitaucher, aber natürlich auch für Flaschentaucher, sehr wichtig.

Janis schaut warm einge-
packt raus aufs Meer,
während sich Sarah und Olli
über ihre erfolgreichen
Tauchgänge freuen.

Nach den Tauchgängen sind wir alle fünf immer ziemlich erledigt, und da die Wellen trotz allem noch sehr hoch sind und wir manchmal stundenlang auf dem Schiff umhergeschüttelt werden, sind wir oft sogar »landkrank«, wenn wir wieder auf festem Boden stehen. Alles dreht sich um uns, und Janis und ich beschließen, erst mal eine halbe Stunde auf einer Bank am Hafen zu sitzen und aufs Meer zu starren, bis wir uns wieder halbwegs landtauglich fühlen.

Die Westküste

An unserem letzten gemeinsamen Tag wollen wir noch auf der Sonnenuntergangsseite der Insel im Abendlicht drehen. An der wilderen Steilküste dort steht außerdem ein in die Jahre gekommener Leuchtturm, den wir gerne erkunden wollen. Hierfür müssen wir mit unserem gesamten Equipment allerdings über einen Pass, der knapp unter dem 686 Meter hohen Gipfel liegt. Jeder von uns trägt unter anderem zwischen fünf und sieben Kilo an Gewichten für den Tauchgurt mit sich, der dafür sorgt, dass wir einfacher abtauchen können. Wir sind hoffnungslos überladen.

Lucio, der im letzten halben Jahr jeden Tag als Tauchguide gearbeitet hat, beschließt, uns zu begleiten und mit uns zusammen freizutauchen. Er ist nicht nur professioneller Taucher, sondern auch leidenschaftlicher Segler und hat vor einigen Jahren ganz alleine alle 33 bewohnten Inseln Italiens mit dem Segelboot angesteuert. Er erzählt sehr lebendig und bringt uns alle stets zum Lachen. Er ist es auch, der uns den einzigen auf der Insel vorhandenen Jeep organisiert. So kommen wir mit all unserem Gepäck wenigstens ein Stück den Berg hoch. Der Jeep hat allerdings nur zwei Sitzplätze, also quetschen Daniel, Lucio und ich uns mitsamt unseren schweren Rucksäcken in den Kofferraum. Die unbefestigte Straße führt steil bergauf, neben uns geht es Hunderte Meter tief Richtung Meer. Mir ist ganz schön mulmig, auch weil wir mit vollem Schwung fahren müssen, um nicht stehen zu bleiben. Sobald wir langsamer werden, drehen die Reifen in der staubigen Erde durch. Das letzte Stück gehen wir zu Fuß, und so kommen wir zwei Stunden vor Sonnenuntergang am Leuchtturm an. Da es unmöglich war, Sauerstoffflaschen und Equipment ohne Boot an diesen Tauchspot zu bringen, gehen Janis und ich diesmal auch unter die Freitaucher. Wir filmen und schwimmen und tauchen, bis die Sonne als rotgoldener Ball im Meer versinkt.

Angesichts des unendlichen Blaus um uns herum überkommt uns ein Gefühl von Demut. Ich hoffe so sehr, dass wir diesen wundervollen Lebensraum für kommende Generationen erhalten können. Und ich bin überzeugt, dass ein Wandel zum Positiven möglich ist. Wir müssen uns nur zusammentun und all unsere Kräfte für dieses Ziel bündeln.

→

Beim Freitauchen kommt Daniel zu einem Punkt, an dem das Wasser keinen Auftrieb mehr gibt und die Schwerkraft die Oberhand gewinnt. Ab da geht es im freien Fall hinab.

Polen

TATRA
NATIONALPARK

Von der Liebe zur Natur und der
tiefen Verbindung von Mutter und Tochter
in den hohen Bergen

FOTOGRAFIE
David Riesbeck
Simon Straetker
Holger Weber

TEXT
Simon Straetker
Holger Weber

49°12'49.5"N / 20°02'56.7"E

TATRA NATIONALPARK

Lage
Im äußersten Süden Polens
liegt der Nationalpark der
Hohen Tatra, des einzigen
polnischen Hochgebirges.

Anreise
Umweltfreundlich mit dem
Bus über Dresden bis nach
Zakopane. Dieser Ort ist
ein besonders guter Aus-
gangspunkt für Hüttenwan-
derungen und Tagestouren
in die Hohe Tatra.

Flora, Fauna, Landschaft
Gämsen und Murmeltiere
teilen sich den Raum mit
Braunbären, Luchsen, Wöl-
fen, Fischottern und
Dutzenden Vogelarten wie
Steinadler, Mauerläufer
und Alpenbraunelle. In
niedrigeren Lagen findet
man Tannen- und Buchenwälder. Weiter oben gibt es
vor allem Fichten, und
über 1500 m wachsen Zwerg-
kiefern und Gräser. Von
den 1000 Pflanzenarten im
Tatra-Nationalpark sind
85 geschützt.

Besonderheiten
1993 wurden der polnische
und der slowakische Teil
des Nationalparks von der
UNESCO zum Biosphärenreser-
vat erklärt. Die Tatra
ist ein Gebirgskomplex des
Fatra-Tatra-Gebiets der
Karpaten. In Polen finden
sich einzigartige Berge
alpinen Typs mit Höhenun-
terschieden von bis zu
1700 m. Hier liegt auch
die höchste Erhebung
des Landes, der Rysy mit
2500 m. Der größere
Teil der Tatra befindet
sich in der Slowakei.

←

Gosia und Olivia wandern
in der Abenddämmerung über
den Rakoń-Sattel.

→

Auf dem Rückweg vom Gipfel
des Wołowiec leuchtet der
Himmel in allen Farben.

Die Hohe Tatra, ein wahrhaftiges Naturjuwel, erstreckt sich entlang der Grenze zwischen Polen und der Slowakei und bildet den höchsten Teil des beeindruckenden Karpatengebirges. In Polen zeigt sich die Hohe Tatra von ihrer bezaubern-den Seite. Hier erstrecken sich diese erhabenen Berge gen Norden und enthüllen eine Welt von schneebedeckten Gipfeln, kristallklaren Seen und endlosen Tälern.

Eine Reise in die Vergangenheit

Vieles, was wir machen, hat seinen Ursprung in der eigenen Kindheit – ein besonderes Erlebnis, eine Begegnung oder eine Handlung, die einen für das weitere Leben prägt. Bei Gosia waren es die gemeinsamen Wanderungen mit dem Vater. Wanderungen in die heimische Bergwelt. Es ist ja oft so, dass das Abenteuer direkt vor der eigenen Haustür wartet. Das Draußensein, die Nähe zur Natur, das Bewusstsein, dass unser Planet vieles zu bieten hat, aber auch vieles zu verlieren. Gosia ist eine Bergsteigerin aus Überzeugung, die jede freie Minute draußen in der Natur verbringt. Inzwischen teilt sie ihre Leidenschaft mit ihrer Tochter, die heute ungefähr so alt ist wie damals sie, als sie die Berge Polens für sich entdeckte.

Als wir Gosia das erste Mal treffen, fällt uns gleich auf, dass sie eine ganz besondere Beziehung zur Hohen Tatra hat. Man sieht das in ihren Augen, die immer ein wenig funkeln, wenn sie über diese Landschaft spricht, und man hört es in ihrer Stimme. Da schwingt eine Begeisterung mit, die ansteckend ist.

Als Naturfilmer kommen wir viel herum und sind viel draußen. Wir er-freuen uns jedes Mal aufs Neue an der Kulisse, die uns die Natur bietet, und sind jedes Mal gespannt, welche Abenteuer wohl auf uns warten. Jede Reise ist der Anfang von etwas Besonderem. Dabei ist es uns aber wichtig, nicht nur schöne Bilder zu produzieren, sondern auch bewegende Geschichten zu erzählen. Geschichten über Menschen, die eine ganz besondere Beziehung zur Natur haben. Die erkennen, wie fragil unser Ökosystem ist, und die bereit sind, ihr Leben dem Schutz und Erhalt dieser Naturschätze zu widmen.

Heute erzählen wir die Geschichte von Gosia, der Bergsteigerin aus Polen, und ihrer Tochter Olivia. Es ist eine Geschichte über eine tiefe Bindung zwischen Mutter und Tochter und eine Geschichte über das Leben in und mit der Natur. Wir wollen mehr über die beiden erfahren. Darüber, was sie antreibt und was sie spüren, wenn sie draußen sind. Und so machen wir uns auf nach Polen, in den Nationalpark Hohe Tatra.

Die Reise führt uns zunächst über Krakau nach Zakopane. Der Ort ist ein beliebter Ausgangspunkt für Wintersport und lockt im Sommer Bergsteiger

und Wanderer aus der ganzen Welt an. Bis zum Ende des 19. Jahrhunderts war Zakopane nur ein beschauliches Dörfchen, ehe es dann vor allem von Künstlern entdeckt und bekannt gemacht wurde. Rasch entwickelte sich das Dorf zu einem der beliebtesten Reiseziele in Polen. Uns fallen sofort die markanten Holzhäuser auf. Im Hochland Polens, am nördlichen Rand der Tatra, entstand eine eigene Holzarchitektur, welche vor allem von den dort lebenden Goralen, einer slawischen ethnischen Gruppe, begründet wurde.

Unser Team besteht für diese Reise aus fünf Personen. Das sind Holger, unser Produzent, David als Fotograf, ich als Filmemacher sowie, was mich ganz besonders freut, unsere Begleiter Zosia und ihr Vater Dariusz. Zosia ist eine polnische Naturpädagogin und langjährige Freundin von mir und hat vor einigen Monaten den Kontakt zu unseren beiden Protagonistinnen vermittelt.

Wir haben es an den Eingang des Nationalparks im Chocholowksa-Tal geschafft und treffen dort auf Gosia und Olivia. Ab jetzt werden die Wege immer beschwerlicher. Anfänglich kommen wir noch mithilfe eines landestypischen Geländewagens weiter. Er gehört zu jener Sorte von Auto, die robust und einfach zu reparieren ist, leider aber auch jeglichen Komfort vermissen lässt. Und so werden wir die nächsten Kilometer ordentlich durchgeschüttelt. Irgendwann kommt allerdings auch unser Geländewagen nicht weiter, und wir

Der Fahrer eines sowjetischen UAZ-Kleintransporters bietet uns eine Mitfahrgelegenheit zur Chocholowksa-Hütte an.

$\longrightarrow$

In besonders steilem Gelände sichert Gosia ihre Tochter mit einem Kletterseil.

TERRANES REISEN

»Terran« geht zurück auf
das lateinische Wort terra
(die Erde) und bedeutet so
viel wie geerdet, boden-
ständig, ohne Flugzeug unterwegs. Es ist ein neues,
an »vegan« angelehntes Wort
und steht für nachhaltiges
und zukunftsfähiges Unter-
wegssein - denn mit keiner
anderen Konsumentscheidung
lässt sich das Klima einfacher und schneller schonen.

Die meisten Menschen auf
diesem Planeten sind terran
unterwegs, denn nur ein
geringer Teil der Weltbe-
völkerung hat jemals ein
Flugzeug betreten. Flugpas-
sagiere kommen zum Groß-
teil aus dem globalen Norden. Der Flugverkehr wächst
dort aber weiterhin, und
seine negativen Folgen müssen alle Menschen tragen.
Fliegen ist somit Teil der
globalen Ungerechtigkeit.
Wer terran reist, entschei-
det sich hingegen bewusst
dafür, diese Ungleichheit
nicht weiter zu verstärken.

Zugfahren in Europa bietet
nicht nur eine klimafreund-
liche Alternative zum Fliegen, es öffnet auch Türen
zu einzigartigen Reiseer-
lebnissen. Neben dem Reisen
mit dem Zug gibt es allerdings noch viele weitere
terrane Reisemöglichkeiten.

Man kann etwa auf einem der
16 europäischen Radfernwege
in die Pedale treten, Mit-
fahrgelegenheiten nutzen,
per Fähre ans andere Ufer
gelangen oder nach günsti-
gen Fernbustickets suchen.
Und wie man per Anhalter
über den Atlantik segelt,
schildert Joshi sehr an-
schaulich in seinem Buch
»Volles Glück voraus: Per
Anhalter nach Feuerland«.

Werde Teil der terranen Bewegung, ob als Europa-Ter-
raner:in, Welt-Terraner:in
oder in deinem Heimatland!
Und am besten teilst du die
terrane Idee mit anderen.
Hauptsache, wir bewegen
zusammen etwas - indem wir
am Boden bleiben.

https://terran.eco

machen uns zu Fuß auf den Weg. Unsere Unterkunft für die erste Nacht ist die Chochołowska-Hütte, die wir am späten Nachmittag erreichen. Sie liegt auf 1146 Meter Höhe und wurde 1953 vom Warschauer Skiverband errichtet. Im Jahr 1983 bekam sie den höchsten kirchlichen Segen, als Papst Johannes Paul II. sie besuchte. Der damalige polnische Papst war ein begeisterter Wanderer, und seine Touren führten ihn bereits in jungen Jahren immer wieder in die Hohe Tatra. Die Hütte ist idealer Ausgangspunkt für viele Wander- und Bergtouren im Nationalpark.

Für Zosia, Dariusz und mich ist es bereits der zweite Besuch auf der Chochołowksa-Hütte in diesem Jahr. Gemeinsam sind wir hier in der ersten Januarwoche ins Jahr gestartet und haben eine der schneereichsten Skitourenwochen unseres Lebens verbracht. Jeden Morgen wurden wir mit frischem Neuschnee gesegnet und konnten direkt hinter der Hütte unzählige Abfahrten absolvieren. Die enormen Schneemengen trugen dazu bei, dass man sich unfassbar abgelegen vorkam, wie in einer ganz eigenen Welt. In jedem Fall inspirierte uns die Reise so sehr, dass wir nun bereits wenige Monate später mit der Kamera zurückkehren, um dieses Naturwunder festzuhalten.

Da die Hohe Tatra nur einer Fläche von 30 mal 20 Kilometer umfasst, nennt man sie auch das kleinste Gebirge der Welt. Viele ihrer immerhin dreihundert Gipfel sind über 2500 Meter hoch, der höchste - der Gerlach - misst 2655 Meter. Die Sommer sind heiß und kurz, die stürmischen, bitterkalten Winter verwandeln die Gipfelregionen monatelang in eine Eiswüste, und die Wetterstürze können mit jenen in den Alpen spielend mithalten. Dieses Hochgebirge beeindruckt mit seinen zerklüfteten Felsen und romantischen Tälern, den vielen einsamen Seen inmitten dichter Wälder. Überhaupt scheint hier die Welt stehengeblieben zu sein. Das Gebiet ist ein Paradies für Wanderer und Naturliebhaber und Heimat für viele seltene Tierarten wie etwa Braunbären, Luchse und Wölfe.

Für uns fühlt es sich ein wenig an wie eine Wanderung durch die Alpen, nur alles viel wilder und ursprünglicher. Die Tatra ist eines der wenigen Hochgebirge Europas, in dem die Hütten noch nicht mit Seilbahnen, Geländewagen oder Helikoptern versorgt werden. Überhaupt ist die Technisierung hier noch kaum vorgedrungen, und so bleiben auch die Smartphones größtenteils ausgeschaltet, denn selbst Stromanschlüsse auf den Hütten sind Mangelware. Das hat aber durchaus auch sein Gutes: Wir werden weniger abgelenkt. Dadurch schärft sich unser Blick für das Wesentliche, für den Mikrokosmos der Natur.

Bevor es dann so richtig losgehen soll, treibt uns eine Sache doch noch etwas um. Es ist April, und wir müssen feststellen, dass wir für das unwegsame Gelände nicht ausreichend ausgerüstet sind. Bei unserer Abreise in Freiburg war der Frühling in vollem Gange, und wir haben unterschätzt, dass zu dieser Jahreszeit noch große Teile der Tatra mit Schnee und Eis bedeckt sind. Gosia und Olivia hingegen sind perfekt vorbereitet und bewegen sich in den Bergen so natürlich und selbstverständlich, als ob sie das ganze Jahr hier leben würden. Überhaupt sind sie von Anfang an voller Eifer dabei und aufgeregt, was die nächsten Tage bringen werden. Und so beschließen wir, es trotz allem mit dem vorhandenen Equipment zu versuchen.

Der Wecker klingelt früh, sehr früh. Noch ist es Nacht draußen, unsere Augen müssen sich zunächst an die Dunkelheit gewöhnen. Jeder von uns ist in seinen eigenen Gedanken versunken. Wir schnüren die Wanderstiefel und bahnen uns den Weg durch den Schnee. Gepackt hatten wir schon am Abend vorher. Das haben uns viele vergangene Touren gelehrt: Besser alles in Ruhe und nicht in letzter Minute vorbereiten, damit man nicht in der Hektik des Aufbruchs die Hälfte der Ausrüstung vergisst.

Wir befinden uns im Dolina Pięciu Stawów Polskich, dem »Fünfseental«, einem durch eiszeitliche Gletscher geformten Hängetal. Es ist rund vier Kilometer lang und von hohen Bergen umgeben. Dazu zählt auch die Seealmspitze an der slowakisch-polnischen Grenze. Ein großer Teil des Nationalparks befindet sich auf der slowakischen Seite. Die Hohe Tatra ist ein gutes Beispiel dafür, dass die Natur keine Grenzen kennt und Naturschutz immer auch grenzüberschreitend stattfinden sollte. Aktiver Naturschutz dient nämlich nicht zuletzt der Völkerverständigung und der friedlichen Koexistenz. Es braucht aber auch den politischen Willen und Gesetze, um diesen Schutz zu gewährleisten. Nach langen, mühsamen Verhandlungen hat das Europäische Parlament 2023 ein Gesetz zu Wiederherstellung der Natur (Nature Restoration Law) auf den Weg gebracht und damit einen wichtigen Meilenstein im europäischen Naturschutz gelegt. Dieses Gesetz verpflichtet alle EU-Mitgliedsstaaten, zerstörte Natur wieder in einen guten ökologischen Zustand zu bringen und so den Bestand natürlicher Ressourcen, sauberer Luft und sauberen Wassers zu sichern. Die kommenden Jahre werden zeigen, wie ernst es den einzelnen Regierungen wirklich damit ist. Papier ist leider sehr geduldig. Es wird jedenfalls weiterhin engagierte Menschen brauchen, die sich für den Schutz dieser Naturlandschaften einsetzen.

Olivia freut sich über den sonnigen, schneereichen Frühlingstag und beginnt eine Schneeballschlacht.

Gosia und Zosia schauen gespannt zu, wie Simon seine Gimbal-Aufnahmen begutachtet.

Heute steht eine Gipfelbesteigung zum Miedziane auf dem Programm. Der Name lässt sich mit »Kupferberg« übersetzen. Im 18. Jahrhundert wurde hier tatsächlich Kupfer abgebaut. Als im 19. Jahrhundert der Bergbau eingestellt und der Berg vor allem für die Almwirtschaft genutzt wurde, hat man den Namen beibehalten. Wir wollen ein paar Aufnahmen von Gosia und Olivia im Sonnenaufgang machen und so einen dieser magischen Momente in der Bergwelt einfangen. Kleine Lichtkegel von unseren Stirnlampen bahnen sich ihren Weg, ansonsten herrscht noch vollkommene Dunkelheit. Jeder von uns ist mit seinen Gedanken alleine und genießt bei aller Anstrengung diesen Augenblick der Ruhe. Viel zu reden gibt es ohnehin nicht.

Uns fällt auf, wie harmonisch das Mutter-Tochter-Gespann funktioniert. Jeder Handgriff sitzt, und jede Bewegung scheint perfekt einstudiert. Das ist auch gut so, denn die Berge sind und bleiben unberechenbar, und der kleinste Fehler kann fatale Folgen haben. Und so sind wir alle hoch konzentriert, während wir uns im Dunkeln den Weg zum Gipfel bahnen. Langsam dringt das erste Tageslicht durch, und wir werden schneller, damit wir es rechtzeitig vor Sonnenaufgang hoch auf den Gipfel schaffen. Die letzen Meter werden mehr

und mehr zu einem Wettrennen gegen die Zeit und fordern uns einiges ab. Aber das Schauspiel, das sich uns dann bietet, entschädigt für alle Mühen. Die ersten Sonnenstrahlen kämpfen sich ihren Weg durch die Bergkette, und der Himmel ändert von Minute zu Minute seine Farbe. Die Spitzen der Berge scheinen zu glühen, und dann bricht schließlich die Sonne hervor. Für die kleine Olivia ist es das erste Mal in ihrem Leben gewesen, dass sie so früh für einen Sonnenaufgang aufgestanden ist.

Auf dem Rückweg lassen wir uns bei frühlingshaften Temperaturen ausgiebig Zeit und haben gemeinsam eine Menge Spaß. Einen Großteil der steilen Hänge rutschen wir auf unseren Hosen hinunter, da das um einiges angenehmer ist, als mit jedem Schritt tief einzusinken in den bereits auftauenden Schnee. Wir genießen die frische Luft, die Sonne, die spaßige Atmosphäre, und der restliche Abstieg besteht zu großen Teilen aus einer sehr langen Schneeballschlacht. Olivia hat eine große Freude daran, mit uns herumzualbern und im Schnee zu spielen, und auch wir fühlen uns ein wenig in unsere Kindheit zurückversetzt. Nach vielen Stunden im Schnee erreichen wir wieder unsere Schutzhütte.

Olivia und Gosia planen an einem verregneten Pausentag in der Murowaniec-Hütte ihre bevorstehende Gipfeltour.

Das erste Mal kam ich vor 15 oder 18 Jahren in die Berge, zu meinem Vater, der dort wohnte. Wir fuhren im Mai, als die Krokusse blühten, zusammen ins Jarząbcza-Tal, und das war einfach so ein Pfeil von Amor, dass ich mich in diese Tatra verliebte. Mein Herz ist immer hier in den Bergen. Jedes Mal, wenn ich hierher komme, habe ich das Gefühl, nach Hause zu kommen.

→ Gosia Sakowska

Die Übernachtungshütten im Nationalpark Hohe Tatra sind ähnlich wie die in den deutschen und österreichischen Bergen, nur insgesamt deutlich schlichter und rustikaler. Das gilt auch für die Mahlzeiten – sie sind einfach, aber schmackhaft. Das Leben in und mit der Natur bedeutet oftmals Verzicht auf Dinge, die uns in der Stadt selbstverständlich erscheinen. Gleichzeitig gewinnt man so viel an Erfahrungen und Eindrücken, dass zumindest wir nicht von Verzicht sprechen würden. Wir empfinden es eher als ein Privileg, an so schönen Orten wie diesem sein zu können.

Uns fällt auf, dass viele junge Menschen, insbesondere Studierende aus Krakau, aber auch aus anderen Städten, hier in den Bergen unterwegs sind. Wandern ist in Polen eine Art Volkssport, und so lernen viele Polinnen und Polen schon als Kinder die Natur und ihre Schönheit kennen. Etwa ein Prozent der gesamten Fläche Polens sind als Nationalparks besonders streng geschützt, und es gibt insgesamt 23 Nationalparks im Land. Damit liegt Polen beim Naturschutz in Europa weit vorne. Und doch ist Naturschutz auch in Polen nicht selbstverständlich und muss immer wieder erkämpft werden. Vor ein paar Jahren wollte die polnische Regierung Zehntausende Bäume im geschützten polnischen Białowieża-Urwald abholzen lassen. Angeblich um den Borkenkäfer auszurotten. Wahrscheinlicher spielten aber wirtschaftliche Interessen eine wichtige Rolle. Nicht zuletzt auf Betreiben von Umweltschützern wurde Polen daraufhin von der Europäischen Union verklagt. Der Europäische Gerichtshof forderte einen Stopp der Abholzung, und die polnische Regierung musste einlenken. Das sind die Geschichten, die auch Gosia umtreiben, wenn sie davon erzählt, wie wichtig es ist, die Natur für die kommenden Generationen zu erhalten.

Der Schnee knirscht unter unseren Füßen, und der Himmel ist voll mit dicken Nebelwolken. Wir sind auf dem Weg zum Przełęcz Zawrat, einem Gebirgspass in 2159 Meter Höhe. Dies ist nicht ganz ungefährlich in dieser Jahreszeit, weil teilweise noch sehr viel Schnee liegt und es stark vereist ist.

→

Ein reißender Fluss schlängelt sich durch eine Totholzfläche in einem wilden und streng geschützten Tal.

49°12'49.5"N / 20°02'56.7"E   153

Zudem ist laut Wetterbericht mit Unwettern zu rechnen. Ein Teil unserer Gruppe hat sich daher entschlossen, den Pass zu umwandern und sich abends in der nächsten Hütte zu treffen. Der Weg ist anfänglich noch gut zu laufen und führt an einem See vorbei. Die Bergkette spiegelt sich in dem Eiswasser und erzeugt eine märchenhafte Silhouette. Doch dann geht es hoch zum Pass, und spätestens jetzt rächt es sich, dass unsere Ausrüstung lückenhaft ist. Statt richtiger Steigeisen haben wir nur einfache Steighilfen eingepackt, die in der steilen Wand keinen richtigen Halt geben. Zurück will aber auch niemand, und so tasten wir uns auf allen Vieren die letzten Meter hoch zum Grat. Zu unserem Unglück kommt jetzt auch noch Nebel auf. Das macht den Abstieg auf der anderen Seite noch unberechenbarer. Wir können kaum die Hand vor dem Gesicht sehen, und so tasten wir uns vorsichtig den Berghang runter. Eigentlich ist es mehr ein Rutschen als ein Wandern, aber am Ende haben wir es geschafft und kommen unbeschadet unten im Tal an.

Am Abend fasst Olivia in der Murowaniec-Hütte die aufregende Wanderung in ihren eigenen Worten zusammen, und man spürt, wie viel sie von der Leidenschaft ihrer Mama schon aufgenommen hat: »Die Luft ist frisch, und dein Körper wird müde, aber innerlich bist du nicht müde, sondern es gibt dir Kraft.«

Unsere Reise führt uns noch tiefer hinein in den Nationalpark, vorbei an wilden Wasserfällen und Bachläufen, die zu dieser Jahreszeit wegen des Schmelzwassers wahrhaft gewaltig sind. Da ist höchste Konzentration gefordert. Heute soll es wieder auf einen Gipfel gehen. Wir brechen erst am späten Nachmittag auf, um Landschaftsaufnahmen während des Sonnenuntergangs zu machen, also zur sogenannten Goldenen Stunde. Das ist die Zeitspanne innerhalb der abendlichen oder morgendlichen Dämmerung, während der sich die Sonne so weit unterhalb des Horizonts befindet, dass das blaue Lichtspektrum am Himmel noch beziehungsweise schon dominiert und die Dunkelheit der Nacht noch nicht hereingebrochen oder gerade eben verschwunden ist. Diese sehr besonderen Lichtverhältnisse sind eine gute Voraussetzung für stimmungsvolle Bilder.

Wir bekommen unsere Aufnahmen, vergessen darüber aber die Zeit, und so ist es schon dunkel, als wir uns auf den Rückweg zur Hütte machen. Wieder einmal haben wir nur den Schein unserer Stirnlampen, um den richtigen Weg zu finden. Jetzt bloß kein falscher Schritt! Der Weg zurück dauert deutlich länger als geplant. Als wir endlich unsere Hütte erreichen, ist es spät, die Küche ist schon lange geschlossen und unser Proviant bereits aufgebraucht. Also gehen wir hungrig, aber doch irgendwie zufrieden in unsere Betten.

Als Filmemacher sind wir es gewohnt, früh morgens aufzustehen, spät und oft erst mitten in der Nacht wieder zurückzukommen und Grundbedürfnisse hintanzustellen. Die Jagd nach dem perfekten Bild oder der perfekten Story kennt keine Mittagspause und auch keinen Feierabend. Für Außenstehende ist das oft nicht nachzuvollziehen. Viele sehen das als Entbehrung an, wir empfinden das aber als Privileg. Wir hatten außerdem das große Glück, mit Gosia und Olivia zwei Protagonistinnen gefunden zu haben, die das so ähnlich sehen wie wir. Oftmals waren sie es, die uns angetrieben haben.

Bei Bergtouren im Frühling sind oft wasserreiche Bergbäche zu überqueren.

Vom Berg Miedziane blickt
man auf das Tal der fünf
polnischen Seen und das Tal
von Rybi Potok.

Spanien

KANTA-BRISCHES GEBIRGE

Von kleinen Braunbären,
gigantischen Geiern und dem ausdauernden Kampf
zwischen Wilderei und Koexistenz

FOTOGRAFIE

Joshi Nichell
Sarah Ziegler
Simon Straetker
Nehle Roskam

TEXT

Joshi Nichell

KANTABRISCHES GEBIRGE

Lage
Im Norden Spaniens, fast 400 km parallel zur Atlantikküste verlaufend. Keine 50 km Luftlinie von der Küste entfernt.

Anreise
Mit dem Fernbus z.B. von Karlsruhe nach Oviedo (ca. 25 Stunden Fahrt). Von dort mit einem Mietwagen noch ca. 50 km ins Gebirge.

Flora, Fauna, Landschaft
Das Gebirge ist eine Mischung aus Kulturlandschaft und unzugänglichen Tälern, es reicht bis in 2648 m Höhe. Sie ist Heimat für Geier, Wölfe und Braunbären.

Besonderheiten
Die Region weist eine enorm hohe Biodiversität auf. Über 300 kantabrische Braunbären leben hier in Koexistenz mit den Menschen.

In diesem Tal bei Peral (Somiedo) lebten auch in den letzten Jahrhunderten Braunbären.

Das Kantabrische Gebirge ist durchzogen von wilden Flusstälern.

Es ist Anfang Mai. Vor uns liegt Spanien. Der Südwesten Europas. Wir träumen von wilden Braunbären, Geiern und Wölfen. Es zieht uns nach Asturien, in den Norden Spaniens. Dorthin, wo der Wind vom Atlantik für grüne Wälder sorgt, Surfen und Bergsteigen nur eine Autostunde voneinander entfernt sind und der ländliche Raum immer wilder wird. Dort soll die Tierwelt einen regelrechten Frühling erleben. Menschen ziehen in die Städte, Dörfer und Almen verschwinden, und die großen Raubtiere? Die kommen wieder.

In einem übervollen Auto voller guter Laune ab nach Spanien

Freiburg im Breisgau, Bahnhofsvorplatz. Ich höre nur Gelächter. Als mich Sarah, Simon und Nehle ankommen sehen, lachen sie. Ja, sie haben das schon richtig verstanden. All das Gepäck soll, nein, muss mit. Tut mir leid. Als sich dann der Kofferraum öffnet, lache ich auch. Egal – wir schaffen das! Gedacht, getan. Irgendwie packen wir auch noch meine zwei großen Rucksäcke voller Film-, Foto- und Outdoor-Equipment, mein E-Mountainbike und den übergroßen Sack voller geretteter Brötchen in den kompakten, eigentlich sowieso schon vollen Audi A4. Die Reise kann losgehen!

Wir wollen nicht durchrasen, sondern nehmen uns Zeit, machen hier und dort Halt. Die Laune ist bestens. An der französischen Atlantikküste wagen wir uns ins noch recht kalte Wasser. Das Surfbrett ist natürlich auch mit dabei. Dann queren wir die Grenze nach Spanien, lassen die Pyrenäen links von uns liegen und fahren geradewegs auf den beeindruckenden Nationalpark Picos de Europa mit seinen fast 2700 Meter hohen Bergen zu.

Die ersten Geier erscheinen kreisend am Himmel. Was für ein Anblick! Als Tierfotografen packt mich das Fieber, und ich kann es kaum abwarten, an unser eigentliches Ziel zu gelangen. Am dritten Tag unserer Reise liegt dann vor uns das faszinierende Dreigespann aus den Schutzgebieten Parque Natural Las Ubiñas – La Mesa, Parque Natural Babia y Luna und Parque Natural Somiedo. Zusammen ergeben diese drei Naturparks eine Fläche, die etwa dreimal so groß ist wie das Bundesland Bremen und fast so groß wie der Naturpark Pfälzer Wald, der mit fast 80 Prozent Waldanteil das größte zusammenhängende Waldgebiet Deutschlands bildet. Trotz der Größe stellt sich die Frage, ob das Platz genug ist, um effektiven Schutz zu betreiben. Tatsächlich streifen oder gleiten in dieser Gegend heute über 300 Braunbären, über 200 Wölfe und mehrere Hundert Geier (insbesondere Gänsegeier) umher.

←

»Teitos« im Naturpark So-
miedo. Diese Hütten dienten
Hirten als Stützpunkte.

Roberto Hartasánchez, der
Gründer von FAPAS, setzt
sich seit über 40 Jahren mit
Herzblut für die Bären ein.

Doch das war bei Weitem nicht immer so. Keine vierzig Jahre ist es her, dass der nur im Norden Spaniens vorkommende kantabrische Braunbär nahezu ausgerottet war. Auch den Geiern ging es damals sehr schlecht. Doch was ist seitdem passiert? Die Spur führt uns an den Rand des Naturparks Somiedo - zur Naturschutzorganisation FAPAS unter der Leitung von Roberto Hartasánchez. Ihn werden wir in den kommenden Wochen immer wieder begleiten und erleben, wie er und seine Organisation arbeiten, welche Herausforderungen ihm begegnen und was ihn antreibt. Ansonsten sind wir viel auf eigene Faust in der Gegend unterwegs, um deren enorme Schönheit, die wir schon bei der Anfahrt spüren dürfen, in Bildern und Videos einzufangen.

Wir sind kaum angekommen, da fängt es schon an, in mir zu kribbeln. Und während die anderen drei noch die Ruhe weg haben, schwinge ich mich am nächsten Tag gleich aufs Mountainbike. Die Kamera inklusive Superteleobjektiv ist mit dabei. Ich schaffe es bis auf den Berg hinauf in 1300 Meter Höhe an die Parkgrenze, weiter erst mal nicht. Wie gern wäre ich jetzt schon bei den Braunbären! Aber wo finde ich die überhaupt? Die Geduld, die einem Tierfilmer sonst so gerne zugeschrieben wird, sucht man bei mir gerade vergeblich. Schon im Norden Montenegros, wo es auch etwa 300 Braunbären geben soll, habe ich in zwei Wochen keinen einzigen zu Gesicht bekommen. Wohl auch deshalb bin nun so ungeduldig. Aber immerhin – und vielleicht ist das ja der entscheidende Unterschied zu Montenegro: Diesmal werde ich vier Wochen bleiben, um den Braunbären, Geiern und Wölfen mehr Zeit zu geben. Denn wenn in der Tierfotografie und -filmerei eines zählt, dann genau das: Zeit. Nur so ist es möglich, ein gutes Gespür für die Region, die dort lebenden Tiere und deren Verhalten zu entwickeln. Ich bleibe also gespannt und freue mich auf die kommenden Wochen!

Roberto Hartasánchez und sein bärenstarker Einsatz

Nachdem wir ein paar Tage eigenständig die Gegend erkundet haben, Simon mal eben 35 Kilometer durchs Nirgendwo gejoggt ist, um völlig fertig vom Wegesuchen in unser Quartier zurückzukehren, und ich in den wildromatischen Fluss vor der Haustüre gesprungen bin, lernen wir Roberto Hartasánchez endlich persönlich kennen.

Ein Mann in waldgrüner Kleidung und mit einem verschmitzten Lächeln kommt auf uns zu. Er scheint in sich zu ruhen, das fällt mir gleich auf. Auf seinem Arm leuchtet in gelber Farbe das Emblem von FAPAS, das eine Bärin mit ihren zwei Jungen zeigt. Eine sorgende Mutter, die mutig vorausgeht. Genauso wirkt auch Roberto vom ersten Moment an auf mich.

Seit 1982 leitet er die kleine Naturschutzorganisation FAPAS, also seit nunmehr über vierzig Jahren. Wow! Dieser Mann hat wirklich Durchhaltevermögen. Eine rein spendenbasierte, politisch unabhängige Organisation – davon gibt es übrigens nur zwei in ganz Spanien - kann man so lange wohl nur leiten, wenn man wirklich für die Sache brennt. Und genau diesen Eindruck vermittelt uns Roberto schon beim ersten Treffen: Er setzt sich leidenschaftlich für die Tiere ein, insbesondere für die großen Raubtiere wie Braunbären, Wölfe, Fischadler und Geier.

Roberto ist mittlerweile über siebzig Jahre alt und arbeitet immer noch tagtäglich für seine Herzensorganisation - im Kampf gegen die Wilderei und für ein gutes Miteinander zwischen Mensch und Tier. Ihm geht es nämlich um eine gelungene Koexistenz, also nicht darum, den Menschen zu vertreiben und den großen Raubtieren die Bühne zu überlassen. Während wir Roberto und sein Team in den folgenden Tagen begleiten, dürfen wir erleben, wie effektiv und durchdacht sie arbeiten.

Zunächst einmal geht es auf eine ehemalige Alm. Im Zuge der Abwanderung in die Städte, die in dieser Region sehr drastisch ist - die Einwohnerzahl des Dorfes San Martin de Teverga etwa ist laut Roberto innerhalb von nur fünfzehn Jahren von etwa 15 000 auf 1000 Einwohner geschrumpft -, wachsen etliche Almen zu und werden wieder zu Wald. Was zunächst einmal wünschenswert und idyllisch klingen mag, bedeutet jedoch, dass halb offene Landschaften verschwinden, dabei bieten gerade sie den Bären wichtige Nahrungsquellen. Dazu zählen etwa Obstbäume. Braunbären lieben Kirschen und Äpfel, und so findet man sie in den Monaten Juni/Juli nicht selten statt am Boden auf den Kirschbäumen sitzen, wo sie die kleinen, roten Früchte vertilgen. Wenn die Obstbäume als wichtige Nahrungsbäume aber zunehmend ausfallen, ziehen

Selbst mit über 70 Jahren packt Roberto noch mit an. Hier werden Obstbäume für die Bären gepflanzt.

die Bären öfter an den Rand der Dörfer und plündern mitunter sogar Gärten. Damit es möglichst nicht zu solchen potenziell konfliktträchtigen Annäherungen an die Menschen kommt, kauft FAPAS solche verlassenen Ländereien auf, pflanzt dort neue Obstbäume und schafft sozusagen kleine »Bärenreservate«.

Insbesondere die Apfelbäume sind sehr wertvoll, da sie oft sogar noch im April, wenn die Braunbären aus der Winterruhe kommen, Früchte tragen. Braunbären halten in aller Regel ab November eine Winterruhe, in der sie kaum etwas fressen. Sie verbringen die Zeit in Höhlen, je nach Individuum sind sie zwischendurch jedoch mehr oder weniger stark aktiv. Sollten sie auf Nahrungssuche gehen müssen, wären die Apfelbäume jedenfalls eine willkommene Nahrungsquelle. Übrigens: Der kantabrische Braunbär ernährt sich zu 85 Prozent rein pflanzlich. Man könnte sagen, er ist nahezu ein Veganer. So frisst er im Frühling (April/Mai) frisches Gras und Ginster, im Juni/Juli Kirschen, im August Heidelbeeren und ab September Nüsse, Bucheckern, Esskastanien, Äpfel und sonstiges Obst. Möchte er etwas Tierisches zu sich nehmen, dreht er Steine um und sucht nach Ameisen oder er reißt morsches Holz auf, um an Insektenlarven zu kommen. Tatsächlich bestehen 50 Prozent der Biomasse, die der kantabrische Braunbär zu sich nimmt, aus Gras.

Und so war unser erster längerer Anblick eines Braunbären ein ganz verwirrender. An einem frühen Morgen machten sich Sarah und ich mit dem Auto auf den Weg mitten in den Naturpark Somiedo. Als die Landschaft spürbar wilder wurde, meinte ich zu Sarah: »Hier könnte ich mir einen Braunbären richtig gut vorstellen.« Keine zwei Minuten später stockt uns plötzlich der Atem: Ein Braunbärmännchen rennt vor uns über die Straße. »Hast du das gerade gesehen?« Ich bin ganz aus dem Häuschen. »Ja, klar, das ..., das ..., das gibt's ja nicht!« Auch Sarah ist ganz perplex, strahlt dabei aber übers ganze Gesicht. Haben wir nicht gerade noch genau davon geträumt? Wahnsinn!

Nach einer weiteren halben Stunde Autofahrt über die kurvige Straße tief in den Naturpark hinein treffen wir Alejandro, der uns von FAPAS empfohlen wurde. Er kennt sich hier gut aus und beobachtet die Braunbären

$\longrightarrow$

Im Juni blüht das Heidekraut und verwandelt die Landschaft in ein sagenhaftes Farbenspiel.

43°05'34.3"N/6°15'24.0"W   171

häufig, sodass er sogar als Bären-Guide arbeitet. Wir hoffen, die Tiere mit seiner Hilfe leichter zu finden und das nötige Feingefühl für den Lebensraum und das Verhalten der Tiere zu bekommen. Mit dem Fernglas halten wir dann lange Ausschau nach einem weiteren Bären. Wir beobachten einen Fuchs auf der Wiese, Hirsche in der Ferne. Doch weit und breit kein Braunbär. Den ganzen Tag über laufen wir ins Tal nach hinten und suchen die Berghänge ab. Wir sind schon auf dem Rückweg und am Auto angekommen, als Alejandro plötzlich stehenbleibt und uns ein Zeichen gibt. Und tatsächlich erspähen wir rund 400 Meter entfernt eine braune Gestalt am Berg. »Da ist er!« Da steht ein wunderschöner kantabrischer Braunbär und grast einfach vor sich hin. Mir fallen fast die Augen aus dem Kopf. In aller Seelenruhe steht er da und frisst grünes, saftiges Gras. Wie eine Kuh! Ich stelle die Kamera ein, und meine allererste Aufnahme eines Braunbären in freier Wildbahn ist die eines schmatzenden, Gras fressenden Riesen.

Na, das scheint hier doch ein wenig einfacher zu sein als im Herbst in Montenegro, denke ich mir und drücke weiter fröhlich auf den Auslöser. Tatsächlich begegnen wir ab diesem Tag bei nahezu jedem unserer Streifzüge einem Braunbären. Oft sind sie weit weg – mal 800, mal 500, mal 200 Meter. Mit einem 400mm f.2,8 Objektiv plus 2x-Extender – sprich: 800mm Fest-

Im allerletzten Licht erscheint der etwa zwei bis drei Jahre alte Bär am Berg. Ein Traummoment!

Konfliktpotenzial: Dieser Imker hat dreimal seine Bienenstöcke an die Bären verloren.

→

Da steht er und grast. Manchmal greift der kantabrische Braunbär aber auch zu Insekten wie Ameisen oder Bienenlarven in Bienenstöcken.

brennweite – komme ich mit der Entfernung dennoch ganz gut zurecht. Und für die Bären ist der Abstand sicherlich auch besser. Als einmal ganz plötzlich zwei junge Bären keine 25 Meter vor mir auftauchen, stellen sie sich auf die Hinterbeine und rennen wenige Sekunden später davon. Wenn Braunbären die Möglichkeit haben, werden sie in aller Regel flüchten. Zu für uns Menschen gefährlichen Begegnungen kommt es in der Regel nur, wenn die Bären sich in die Enge getrieben fühlen, keine Zeit oder keinen Raum mehr zum Flüchten haben, wenn sie zu sehr überrascht wurden oder ihre Nahrung oder Jungen ernsthaft bedroht sehen. Außerdem kann es sehr gefährlich werden, wenn man vor ihnen wegrennt und dadurch erst ihren Jagdinstinkt so richtig lostritt.

Ein paar Tage später treffen wir uns wieder am Morgen mit Roberto und seinem Team. Diesmal geht es in die Nachbarprovinz Kastilien und Leon. Dort erwartet uns der Bauer und Imker Valentin. Bei ihm ist in letzter Zeit dreimal ein Braunbär über seine Bienenstöcke hergefallen. Laut FAPAS interessieren sich die Bären übrigens gar nicht so sehr für den Honig, sondern in erster Linie für die Bienenlarven. Und nun kommt diese kleine, tatkräftige Naturschutzorganisation zum Einsatz. Sie bauen Valentin, der schon alles Mögliche ausprobiert hat und allmählich doch genervt von dem Bären ist, kostenlos einen bärensicheren Zaun um seine Bienenstöcke.

Ist das nicht genial, wenn es um ein Miteinander von Mensch und Wildtier gehen soll? Sie geben dem Imker die Möglichkeit, weiterhin Bienen zu halten, und gleichzeitig kann der Bär nebenan leben. Und wenn der Imker beziehungsweise Bauer merkt, dass er eigentlich gar keine Probleme mit dem Bären hat, wird er statt eines Hasses auf die Tiere vielleicht sogar eine Begeisterung für diese besonderen Geschöpfe entwickeln.

Wenn gut gemeinte Lösungen nicht mehr ausreichen

FAPAS geht es also offenbar darum, Lösungen für ein Miteinander vorzuschlagen und sie auch praktisch umzusetzen. So wie im Beispiel vom Imker Valentin. Die Idee dahinter: Andere Bauern können sich die Bauweise des von FAPAS selbst erprobten und entwickelten bärensicheren Zauns abschauen und dann selbst einen solchen bei sich errichten. So lässt sich im Idealfall ein Dominoeffekt auslösen. Natürlich braucht es dafür auch die Bereitschaft der Bevölkerung. Und daran scheitert es leider manchmal. Jahr für Jahr werden tote Braunbären aufgefunden. Manche vergiftet, andere erschossen. Die über 100 Wildkameras von FAPAS haben immer wieder Bilder von den Tätern

Roberto sichtet die Ergebnisse seiner Wildkameras. Wie unsichtbare Augen überwachen sie rund um die Uhr die Region und sehen, was wir nicht sehen.

> Die Menschen denken oft, dass die Tiere, die in ihrem Gebiet leben, ihnen gehören. Die Menschen in Europa haben genauso das Recht, die Bären der Iberischen Halbinsel zu genießen wie wir, und die Menschen in Europa haben genauso die Möglichkeit, sie zu beschützen wie wir.
>
> $\longrightarrow$ Roberto Hartasánchez

gemacht: maskierte Männer, die aussehen, als würden sie eine Bank überfallen wollen. Auf dem Rücken das Gewehr. Manchmal begleitet sie noch ein Hund oder, wie im Fall der selbsternannten »Bärentöter-Bande«, eine ganze Hundemeute. Diese Männer hetzten regelrecht die Hunde auf die Braunbären. Zum Glück ist dies heute nicht mehr der Fall, denn dank FAPAS wurden die Bärentöter 2019 in Palencia vor Gericht gebracht. Sie mussten am Ende zwar »nur« eine Geldstrafe zahlen, aber die Hoffnung ist groß, dass das Urteil sie dennoch von weiteren Übergriffen auf die Bären abhält.

Während sich die Bärenpopulation im Westen des kantabrischen Gebirges – dazu gehört zum Beispiel der Somiedo-Naturpark – seit etwa 1980 verzehnfacht hat, ist in derselben Zeit im Osten so gut wie kein Anstieg zu verzeichnen. FAPAS schätzt die Population dort auf 25 Tiere. Warum die Zahl der Bären nicht wie im Westen ansteigt, wird deutlich, wenn man bedenkt, dass allein zwischen 2005 und 2020 elf Fälle von Wilderei dokumentiert worden sind. Daneben wird es noch einige unentdeckte Fälle geben. Während FAPAS es also im Osten sehr schwierig hat und dort teilweise sogar mit einem Giftköderspürhund arbeitet, ist der Erfolg im Westen umso ersichtlicher.

Besonders herausfordernd war laut Roberto die Coronazeit. Denn da durften die Bewohner:innen aus den Bergdörfern weiterhin in den Bergen unterwegs sein, nicht aber die Menschen aus den Städten und größeren Orten. Was dadurch fehlte, war sozusagen die zivile Überwachung, die normalerweise auch durch die vielen Bärenfans geschieht. Zudem stellte die Guardia Civil in dieser Zeit ihre Arbeit ein. Dabei stellt sie eine Art Militäreinheit für den Naturschutz dar und kann im Fall der Fälle Wilderer festnehmen. Wie schon erwähnt, hat FAPAS an vielen Orten Wildkameras versteckt, und die Aufnahmen von Wilderern sind für die Guardia Civil durchaus hilfreich.

Man mag es nicht wahrhaben wollen, aber die Wilderer sind leider oft die Bauern aus den Bergdörfern. Ihre Motive sind dabei sicherlich ganz verschieden. Roberto meint, für manche gehöre das Jagen einfach zur Tradition.

$\longrightarrow$

Ein Hotspot der Biodiversität – eine bunte Mischung aus Wiesen, Wäldern und Felsen.

Für andere dagegen sei es spannend, weil es illegal ist. Alejandro hingegen glaubt, die Leute würden wildern, weil sie nicht in ihrer Freiheit eingeschränkt werden wollen. Denn dort, wo Bären leben, würden oft Schutzzonen errichtet, und dann dürfe man nicht mehr unkontrolliert machen, was man wolle.

Als ich eines Abends zu einem Bergpass emporsteige, um Wölfe zu filmen und zu fotografieren, treffe ich oben überraschend auf eine große Herde Kühe. Mir ist das nicht ganz geheuer, und ich überlege, gleich wieder umzudrehen. Da bellt ganz in der Nähe ein Hund. Na, wusst' ich's doch! In der Gegend streunen etliche, oft echt große Hunde umher. Die scheinbar herrenlosen Tiere zeigen sich mitunter sehr aggressiv gegenüber Menschen. Wenn ich hier vor etwas wirklich Angst habe, dann vor solchen Hunden. Nicht umsonst habe ich auch stets mein »Bärenabwehrspray« parat. Sogar die Einheimischen laufen nur mit einem Stock umher. Nicht wegen der Bären oder der Wölfe, sondern wegen der Hunde. Alejandro erzählt uns, dass er in den vergangenen Jahren schon vier heikle Begegnungen mit wilden Hunden hatte. Auf so etwas kann ich gern verzichten!

Oft ist ein Hund aber auch ein Anzeichen dafür, dass Menschen in der Nähe sind. Und tatsächlich entdecke ich kurz darauf eine Bauernfamilie, die offenbar gerade nach ihren Kühen schaut. Es ist bereits Abend, und ich sollte mich langsam entscheiden, was ich machen will. Baue ich irgendwo in der Nähe mein Lager auf? Wo wäre ein guter Ansitz für die Wölfe? Hmmm … eigentlich genau da, wo die Kühe stehen. Darauf habe ich allerdings gar keine Lust. Die Tiere hier haben nämlich beachtliche Hörner. Vielleicht ist es ja doch ratsamer, einfach wieder abzusteigen? Als ich dann sehe, wie die Familie zu ihrem kleinen Jeep läuft, überlege ich nicht lange und rufe: »Fahrt ihr ins Tal? Darf ich bei euch mitfahren?« Sie lächeln und nicken. Vielen Dank!

KOEXISTENZ VON MENSCH UND TIER

Mithilfe verschiedener Maßnahmen könnte eine Koexistenz zwischen großen Beutegreifern und Menschen funktionieren:

Präventive Maßnahmen
· Bienenstöcke sollten mit bärensicherem Zaun geschützt werden.
· Obstbaumpflanzungen abseits der Dörfer helfen mit, dass die Bären ausreichend Nahrung finden und gleichzeitig Abstand zum Menschen halten.
· Schafherden sollten zum Schutz vor Wölfen und Bären mit Hütehunden ausgestattet werden.
· Man muss die Menschen darüber informieren, wie sie sich bei Begegnungen mit Beutegreifern wie Wölfen und Bären verhalten sollen (siehe hierzu auch S. 28) und mithilfe von Fakten verbreitete Mythen über diese Tiere ausräumen.
· Eine Überwachung der geschützten Arten durch Wildkameras oder das Besendern der Tiere kann Wilderei reduzieren.

Reaktive Maßnahmen
Staatliche Entschädigungszahlungen bei landwirtschaftlichen Schäden, wie etwa der Tötung eines Fohlens durch Wölfe. Die Entschädigung sollte unkompliziert abgewickelt werden und dem Verkaufspreis des Tieres entsprechen. Konsequente Verurteilung und Bestrafung von Wilderei.

Generell gilt:
Die Tiere sind nicht auf einen Konflikt aus. Leben und leben lassen ist auch hier die Devise. Ohne eine gewisse Toleranz und die Bereitschaft zu Zugeständnissen unsererseits haben es die großen Beutegreifer jedoch schwer. Dabei übernehmen sie wichtige Ökosystemdienstleistungen (siehe S. 72), wie etwa die Samenverteilung von Obstsorten (Bär) oder die Regulierung anderer großer Tiere wie Hirsche und Wildschweine (Wolf).

In Asturien spielt das
Wetter, wie es will – und
die Kuh macht mit.

←

Gewöhnungsbedürftig:
die Größe der Hunde hier.
Am besten, sie werden
deine Freunde.

Und so sitze ich unversehens mit Menschen im Auto, die, so ahne ich, ihre ganz eigene Einstellung zu FAPAS, zu den Wölfen und den Bären haben. Diese Gelegenheit will ich nicht verpassen, und darum frage ich sie ganz direkt:

»Wie steht ihr zu den Wölfen?«

»Wenn wir einen sehen, erschießen wir ihn.«

Okay, diese Antwort ist mindestens genauso direkt. Als ich nachfrage, ob sie schon mal welche gesehen hätten, schütteln sie den Kopf. Sie haben hier oben noch nie eine Nacht verbracht, und sehen folglich immer nur die Spuren der Wölfe, wie zum Beispiel den Wildschweinkadaver, der mir beim Aufstieg mit seinem markanten Verwesungsgeruch auch schon auffiel. Kurz darauf bin ich auf reichlich Wolfskot gestoßen. Sie sind also definitiv irgendwo in der Gegend. Dann frage ich weiter:

»Und wie sieht es mit Bären aus?«

»Noch schlimmer!«, antworten sie prompt.

Mitglieder von FAPAS dür-
fen das Geier-Spektakel
dank Spiegelglas aus nächster Nähe miterleben. Sarah
und ich sitzen nebendran
im Tarnzelt.

Ich verstehe nicht ganz, was sie damit sagen wollen. Warum ist in ihren Augen der Braunbär noch ein schlimmeres Tier als der Wolf? Sie erzählen mir, dass sie jährlich mindestens ein Kalb verlieren, und sagen selbst, dass es von den Wölfen gerissen wird. Woher rührt dann aber diese immense Wut auf den Braunbären? Ich vermute, es ist letztlich einfach die Angst vor diesem Beutegreifer, der körperlich doch deutlich größer ist als ein Wolf. Und dennoch ist es für mich abstrus, wenn ich den Braunbären friedlich auf der Wiese grasen sehe und weiß, dass die von ihm erbeuteten Tiere in aller Regel bloß Ameisen und Maden oder Larven sind.

Fakt ist, dass wir die Bären zurückgedrängt haben, ihnen ihren Lebensraum entzogen haben und sie nun nur versuchen, irgendwie zwischen uns Menschen wieder Fuß zu fassen. Bären und Wölfe sind nicht auf Konflikte aus – das ist meine tiefste Überzeugung, wissenschaftlicher Konsens und statistisch belegt. Sie handeln instinktgesteuert und wollen leben. So wie auch wir Leben inmitten von Leben sind, das leben möchte. Was Albert Schweitzer so wunderbar mit »Ehrfurcht vor dem Leben« beschreibt, gilt es zu verinnerlichen. Es geht darum, Wege zu finden, die ein Miteinander statt eines egoistischen Gegeneinanders ermöglichen. In meinen Augen ist Roberto mit FAPAS da ein inspirierendes Vorbild.

Von stinkenden Kadavern und den größten Vögeln Europas

Ursprünglich entstanden ist Robertos Organisation mit dem Ziel, die wenigen Geierpaare in den kantabrischen Bergen besser zu schützen und so ihre Population wieder zu stärken. Auch das verfolgen sie noch heute intensiv. Sie zählen die brütenden Paare und bringen ein Mal pro Woche gesammeltes Fleisch von verschiedenen Supermärkten an einen gesicherten Futterplatz, wo sie es den Geiern (hauptsächlich Gänsegeier, Mönchsgeier und Schmutzgeier) und dem Steinadler überlassen. Mitglieder von FAPAS dürfen das Spektakel aus einer kleinen Hütte mit Spiegelglas ganz aus der Nähe erleben. Auch Sarah und ich dürfen uns von den größten Vögeln Europas in den Bann ziehen lassen, allerdings haben wir unser eigenes Tarnzelt mitgebracht. Über drei Stunden lang sitzen wir mucksmäuschenstill an unserem Platz, doch die Geier halten noch gebührenden Abstand und machen keine Anstalten, mit dem Fressen zu beginnen. Offenbar ist ihnen unser Tarnzelt doch nicht ganz geheuer.

Dann plötzlich stürzen sich Hunderte Geier gleichzeitig auf die Fleischreste. Wer hat das Signal gegeben? Vermutlich junge, unerfahrene, etwas naivere Geier. Ich erwache sofort aus meinem Schlummermodus. Es geht hoch her! Federn fliegen durch die Luft. Jeder Geier versucht in dem Gewühle etwas abzubekommen. Mit einer Flügelspannweite von bis zu 2,65 Meter muss sich so ein Gänsegeier allerdings erst mal Platz verschaffen. Sarah und ich versuchen, ruhig und konzentriert unsere Aufnahmen zu machen, aber die Menge an Geiern ist schlicht überfordernd. Da rauscht es regelrecht keine dreißig Meter vor unserem Zelt. Beißender Aasgeruch steigt uns in die Nase. Die Zeit rast. Nach nicht einmal zwanzig Minuten ist der Spuk vorbei. Die ersten Geier fliegen los, andere streiten sich noch um die letzten Happen, wieder andere stehen scheinbar zufrieden und satt herum.

$\rightarrow$

Dichtes Gedränge: Nach und nach treffen hier um die 150 Gänsegeier ein.

Mir fällt ein kleiner weißer Geier mit einem markanten gelben Schnabel-
ansatz zwischen den vielen großen braunen Gänsegeiern auf. Es ist ein
Schmutzgeier. Angeblich soll hier gelegentlich sogar ein Mönchsgeier mit
einer gigantischen Flügelspannweite von bis zu 2,90 Meter auftauchen. Zum
Vergleich: Der Andenkondor ist mit drei Meter Flügelspannweite der größte
Geier der Welt und der Wanderalbatross mit 3,30 Meter der größte flugfähige
Vogel der Welt. Heute leben über 90 Prozent der europäischen Geierpopulation
auf der Iberischen Halbinsel. Während es 1960 nur noch etwa 3200 Gänse-
geier-Brutpaare gab, waren es um 2010 bereits über 25 000. In der Region, in
der Roberto mit seinen Freunden aktiv ist, waren es 1982, im Gründungsjahr
von FAPAS, nur noch acht Geierpaare. Ein historischer Tiefpunkt! Wer heute
durch die Region fährt, kann sich dies beim häufigen Anblick der kreisenden
Giganten am Himmel wohl kaum vorstellen.

Auch wenn diese Tiere sich von stinkenden Kadavern ernähren, finde ich
sie einfach nur faszinierend. So haben sie zum Beispiel am Hals wenig Federn,
um sich reinzuhalten und vor Infektionen zu schützen. Außerdem besitzen
sie einen sehr ausgeprägten Geruchs- und Sehsinn, sodass sie Kadaver aus
enormer Distanz riechen und erspähen können. Während die meisten Vögel
so gut wie keinen Geruchssinn haben, ist dieser bei Geiern sogar besser

Auch ein Schmutzgeier freut
sich über einen Happen
Fleisch. Er ist deutlich
seltener als Gänsegeier und
fällt doch gleich auf.

Um hygienisch sauberer zu bleiben, trägt der Gänsegeier keine Federn am Hals. Das Jungtier erkennt man am dunklen Schnabel.

ausgebildet als bei Hunden. Und dann erzählte uns Roberto noch von einem faszinierenden Kommunikationssystem, das sie zu nutzen scheinen: Während sie in der Thermik kreisen, haben sie stets auch andere Geier in einigen Kilometern Entfernung im Blick. So beobachtet Geier A zum Beispiel Geier B in 20 Kilometer Entfernung. Geier B beobachtet wiederum Geier C und dieser wiederum Geier D und so weiter. Wenn nun Geier D einen Kadaver entdeckt und zum Landeflug ansetzt, merkt dies Geier C und fliegt in dieselbe Richtung. Geier B folgt Geier C und Geier A Geier B. Auf diese Weise können sich Informationsketten von mehreren hundert Kilometern ergeben. So kam es schon vor, dass besenderte Geier aus den Pyrenäen über 400 Kilometer zum Fressen Richtung Westen geflogen sind. Wir sind beeindruckt!

Als wir nach vier aufregenden Wochen den wilden Norden Spaniens verlassen, um nach Deutschland zurückzukehren, sind wir vom Team voller Faszination und Begeisterung über das, was wir gesehen und erlebt haben. Die Arbeit, die Roberto und seine Organisation FAPAS leisten, finden wir bewundernswert. Sie weckt Hoffnung auf ein vermehrtes Miteinander mit unseren tierischen Geschwistern in Europa, und ich ertappe mich bei dem Gedanken, eines Tages vielleicht sogar selbst bei FAPAS mitzumachen.

Kantabrische Braunbären sind kleiner als andere Bären und sehr geschickte Kletterer.

In den Höhenlagen des Kantabrischen Gebirges finden sich wundervolle Bergseen wie die Seen von Saliencia.

Zauberwelt Kantabrisches Gebirge – wild, geheimnisvoll und voller Überraschungen!

Ausblick

Gemeinsam mit dir, liebe:r Leser:in, haben wir uns auf die Reise gemacht. Vielen Dank, dass du dabei warst! Sechs beispielhafte, wilde Regionen im Herzen Europas haben wir kennengelernt und dabei Menschen getroffen, die uns zu Vorbildern geworden sind. Menschen, die sich auf verschiedenste Art und Weise für ein Miteinander mit der Natur, für ein wilderes, artenreicheres Europa einsetzen. Wir hoffen natürlich, dass du dich mit dem ein oder anderen dieser sechs Menschen identifizieren kannst – und vielleicht ja sogar den Wunsch verspürst, wie sie auch selbst noch mehr zur Naturschützerin beziehungsweise zum Naturschützer zu werden.

In jedem Fall laden wir dich ein, weiterhin und noch eingehender die »Wildnis« vor deiner Haustür zu entdecken. Kennst du schon das von dir nächstgelegene Naturschutzgebiet?

Auf unseren sechs Reisen, die uns bis heute intensiv und sehr bereichernd in Erinnerung geblieben sind, haben wir gelernt, dass ein Miteinander zwischen Menschen und wilden Tieren keine romantisierte oder naive Fantasie ist. Wir haben aber auch lernen müssen, dass der Wald, die Tiere, all das, was wild und nicht menschengemacht ist, ohne unsere Stimme zu verschwinden droht. Dabei ist und bleibt es die große Aufgabe, den Ökosystemen Raum zu geben, sie unter Schutz zu stellen und sich entfalten zu lassen. Nicht zuletzt, weil sie auch unsere Lebensquelle sind. Wir glauben fest daran, dass es uns Menschen gelingen kann, uns wieder neu für diesen Schatz »Natur« zu öffnen und ihm den Wert zuzuschreiben, den er verdient hat.

Du fragst dich, wie du schon jetzt aktiv werden kannst?

Mit einer Spende auf www.wild-europe.org ermöglichst du uns, auch weiterhin neue, beispielhafte Geschichten zu erzählen und der Natur auf

Dank

Im Namen des gesamten Wild-Europe-Teams möchten wir uns ganz herzlich bei dem Knesebeck-Verlag, Hans-Peter Buohler, Victoria Salley, Gerdi Killer, Ludger Ikas und Benjamin Wolbergs bedanken, ohne die dieses Buch so nicht entstanden wäre! Danke für die großartige Zusammenarbeit!

Einen ganz besonderen Dank möchten wir den Protagonisten der einzelnen Kapitel widmen: Miladin Kasalica, Gabriel Păun, Romana Netzberger, Daniel Bichsel, Gosia Sakowska und Roberto Hartasánchez. Ihr habt uns nicht nur unvergessliche Einblicke in »eure« Natur ermöglicht. Ohne eure leidenschaftliche, oft aufopferungsvolle und unermüdliche Arbeit sähen diese Fleckchen Erde, die uns in Staunen versetzt haben, auch nicht so wunderbar aus, wie sie es heute tun.

Herzlich danken möchten wir außerdem der Naturschutzstiftung Euronatur, insbesondere Gabriel Schwaderer und Markus Dressnandt, die uns zum Beispiel mit Roberto in Spanien und Gabriel in Rumänien verknüpft haben. Ohne Thomas Wöhrstein wären wir sicherlich nicht so herrlich unkompliziert in Montenegro angekommen, und ohne Andreas Hollinger und Ansgar Fellendorf hätten wir womöglich nie das wunderschöne Gesäuse für uns entdeckt. Zofia und Dariusz Drapella danken wir, dass sie uns in die Tatra geführt und begleitet haben.

Ein letzter und besonders großer Dank geht an Johanna Pietschmann, die uns von Anfang an als ehrenamtliches Vereinsmitglied bei jedem einzelnen Projekt unterstützt hat!

Wild Europe e.V.
Turnseestr. 4a
79102 Freiburg

www.wild-europe.org

Instagram
@wild.europe

Joshi Nichell, geboren 1998 in Mainz, studiert Naturschutzbiologie und Katholische Theologie in Landau in der Pfalz. Er ist seit Kindertagen von der Kraft der Natur begeistert und teils wochenlang mit seinem Rucksack unterwegs, der alles beinhaltet, was er zum Leben braucht. 2016 brach er zu einer knapp zweijährigen Reise auf und schrieb über seinen Trip per Anhalter nach Feuerland das Buch *Volles Glück voraus*. Er ist bekannt für seine einzigartigen und mehrfach prämierten Wildtieraufnahmen und arbeitet als Tierfilmer, Naturfotograf und Reisereferent.

Sarah Ziegler, 1994 in der Oberrheinebene geboren, ist Filmemacherin und Taucherin. In Freiburg studiert sie Biologie und arbeitet bei der Filmproduktionsfirma Black Forest Collective. Sie ist Vorstand von Wild Europe e.V., einer gemeinnützigen Organisation, die Wildnis und Artenvielfalt durch Multimedia-Projekte in Europa fördert. Sie engagiert sich im Umweltschutz und in der zivilen Seenotrettung.

Simon Straetker, geboren 1993 im Schwarzwald, ist ein leidenschaftlicher Filmemacher, Globetrotter und Umweltbotschafter, der inspirierende Filme und Fotografien über die entlegensten Gegenden dieser Erde produziert. Er ist bekannt für seine unglaublichen Aufnahmen von extremen Abenteuern und atemberaubenden Landschaften. Er wurde mit dem Deutschen Naturschutzpreis ausgezeichnet und im Januar 2017 vom *Forbes Magazine* in der Kategorie Kunst in die Liste der 30 Under 30 Europe aufgenommen. Sein Schaffen konzentriert sich vor allem auf eine Frage: Wie bringen wir Menschen dazu, sich wieder in die Natur zu verlieben?

Deutsche Originalausgabe

Copyright © 2023 von dem Knesebeck GmbH & Co. Verlag KG, München
Ein Unternehmen der Média-Participations

Alle Fotografien in diesem Buch stammen von Joshi Nichell,
Simon Straetker, Sarah Ziegler, David Riesbeck, Milo Zanecchia,
Janis Klinkenberg, Domča Teluchová, Fabian Bellamonte, Nehle
Roskam, Andreas Hollinger, Romana Netzberger, Christian Komposch,
Daniel Bichsel, Christian Keller, mit Ausnahme von Fourleaflover:
12, 48, 84, 112, 142, 162.

PROJEKTLEITUNG
Victoria Salley, Knesebeck Verlag, und Gerdi Killer, booklab, München

LEKTORAT
Dr. Ludger Ikas, Berlin

KORREKTORAT
Dr. Leonhard Huber, München

LITOGRAFIE
Reproline mediateam, München

GESTALTUNG UND SATZ
Benjamin Wolbergs, Berlin

HERSTELLUNG
Arnold & Domnick, Leipzig

DRUCK
Neografia, a.s.

Printed in Slovakia

ISBN 978-3-95728-817-2

www.knesebeck-verlag.de